2.5時間で

ポーター×コトラー 仕事現場で使えるマーケティングの実践法がわかる本

金森マーケティング事務所
金森 努／監修・著
Tsutomu Kanamori

コミュニケーション研究所
竹林篤実／著
Atsumi Takebayashi

TAC出版
TAC PUBLISHING Group

あなたはマーケティングを誤解していませんか？

「マーケティングなんて、しょせんは大企業がやること。中小企業には関係ない」
「マーケティングといえば、大手メーカーが製品開発で行う調査のことでしょう。弱小サービス業のウチとは縁のない世界の話ですね」

どちらも、とんでもない誤解です。マーケティングとは、きちんと学んで身につければ、絶対に得する『考え方』のこと。規模の大小や扱う商品・サービスにはまったく関係ありません。ビジネスに携わっているすべての方がマスターすべき『考え方』です。

たとえば、あなたが扱っている商品の売れ行きが悪くなったとします。そのとき、どうしますか。チラシ広告でも打ってみようかとか、流行りのフェイスブックを使って何かできないか、などと安易にお考えではありませんか。あるいは販売価格を安くしてみたり、いっそのこと商品そのものを変えてみようなどと思ったり…　それで売上は戻るでしょうか。

「マーケティングといえば４Ｐ、早い話が商品と価格と宣伝と流通を考えることじゃないのか」

最前線で仕事をされている営業職の方や、お店の店長さんなどの中には、こんなふうに考える方もおられるでしょう。残念ながらこれも決定的に違います。そして本書で一番言いたいのがこの点です。

マーケティングを安易に考える方に共通する間違いは、４Ｐ至上主義にあります。問題は確かに４Ｐのあるところ、すなわち仕事現場で起こります。問題といえば、ほとんどが「モノが売れない」ことでしょう。だからといって「モノを改善しよう」「値段を下げよう」「広告を変えてみよう」では、モノが『売れる』ようには決してなりません。

考えるべきは、「なぜ、その問題が起こっているのか」です。本質的な原因を探らなければなりません。そのために本書では、マーケティングの大きな流れを捉えていただくことを第一に考えました。コトラーとポーターの理論をベースに、マーケティングの各フレームワークの活用法を、使うべき順番にも着目して説明しています。より理解を深めるため「ロードサイド型和食レストラン」で起こった問題とその解決までのストーリーを通して、各フレームワークの使い方を具体的に解説しました。

最初は少しだけ面倒くさいかもしれません。でも、一度マーケティングの考え方を身につければ、一生使い続けることができます。商売のうまい企業、売れているお店は、たいてい同じ考え方をしています。繁盛店の中には「マーケティング？　そんなの知らないねえ」とおっしゃる方もおられるかもしれません。でも、その方の思考パターンをうかがってみると、マーケティングの考え方に似通っていることが多いのです。日本流に言うなら「商売繁盛商いのコツ」がマーケティングなのですから。『売れ続けるためのしくみ』マーケティングを、ぜひ身につけてください。ただし、しくみは一度完成したらそれで終わり、ではありません。売れ続けるためには、環境の変化に応じて常に修正する必要があることをお忘れなく。

ポーター×コトラー　仕事現場で使えるマーケティングの実践法が2・5時間でわかる本◎目次

第1章

客はメシを食いに来ていたのかね

［コトラーの製品特性分析］顧客価値を明らかにする

第2章

周りを見て、世の中を見て、何か気づかんかね

[環境分析①] マクロ環境／ミクロ環境の分析

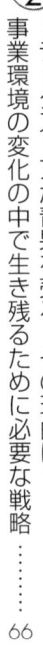

第3章

今のままではダメだろう。どこにチャンスがあるのかね

［環境分析②］ポーターの理論と、5F・VC・SWOTの各分析の使いこなし方

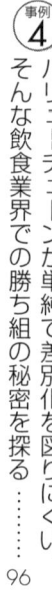

第4章

どんな客に、何を目的に来てもらいたいのかね

［戦略立案］コトラー理論に基づきSTPを徹底的に見直す

第5章

どこを、どう直せば、来てほしい客が喜ぶのかね

[施策立案①] 価値構造を見直し、新たな製品戦略を作る

第6章 メニューと価格は、どう変えるのがよいのかね

［施策立案②］決定的に重要な価格戦略

第7章

生まれ変わった店を、どう伝えるのかね

［施策立案③］コミュニケーション戦略とチャネル戦略

序章

PORTER × KOTLER

事件は現場で起こっている

「全体の流れ」マーケティング理論を実務で使うには

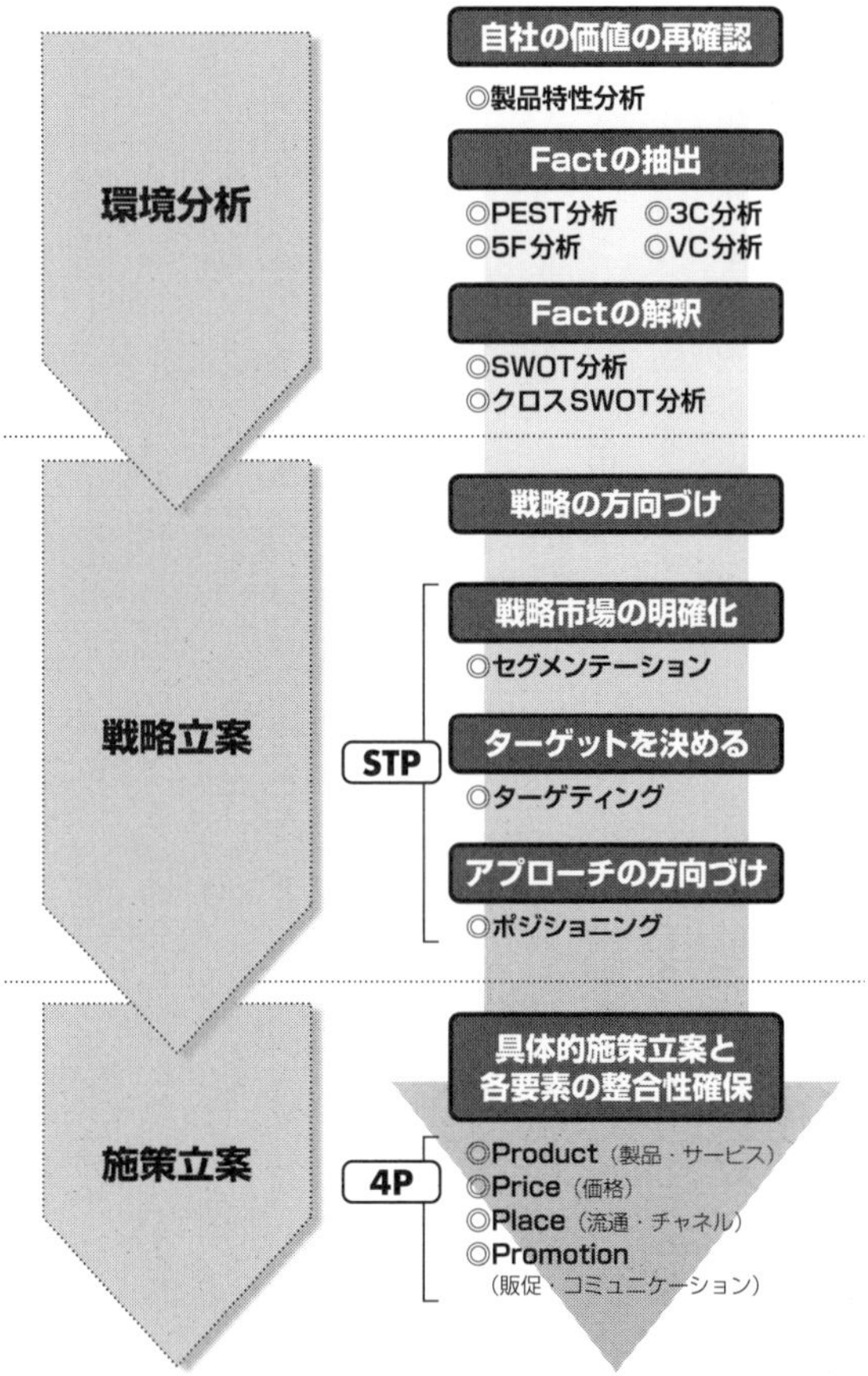

売れなくなったロードサイド和食レストラン

売れない理由はどこにあるのか

「マーケティングは理論をいくら学んでも、目の前にある問題の解決には役に立たない」―そんな不満を耳にします。けれども、それは大きな誤解。正しく使えば、必ず問題解決に役立つのがマーケティング理論です。

keyword マーケティング／4P

◆冬の異変

G店は、ロードサイド和風レストランチェーンを展開するFグループの中でも、ダントツの優良店でした。商圏内には高級住宅地があり、そこに暮らす富裕層が上顧客だったのです。店のすぐ近くにゴルフ場があり、コンペ帰りの宴会にもよく利用されていました。

ところが、ある年の冬に差しかかる頃からG店は急激な売上減にみまわれます。例年なら予約で埋まるはずの忘年会で異変が起こり、予約は前年の半分以下。不景気な状況は年が明けても一向に変わらず、新年会需要も回復の兆しを見せません。売上急減に追い打ちをかける異変が、さらに1つ起こっていました。ゴルフ場に来る客のコンペ宴会です。通常なら、年末年始の休みには毎日のようにゴルフコンペがあり、コンペ後の宴会はG店で行われるケースがほとんどでした。ところが、これもぱったりと途絶えてしまったのです。

いったい何が起こったのか。担当スーパーバイザーの西村は、年明け早々からG店に毎日通い、店長やスタッフに対するヒアリングを行いました。しかし、彼らの話を聴く限りでは、売上急減の原因はまったく不明です。メニューに手を加えたわけではなく、接客も以前どおりです。焦る西村は、大学時代

ポーターの理論

マイケル・ポーター

(Michael Eugene Porter、1947年～)

ハーバード大学経営大学院教授。下記に代表される数多くの競争戦略手法を提唱した。
主な著書として、『競争の戦略』、『競争優位の戦略―いかに高業績を持続させるか』、『競争戦略論』などがある。

本書で活用する主なポーターの理論

1	**「5つの力（5F）」分析** **企業を取り巻く環境を、業界内の競争、売り手の交渉力、買い手の交渉力、新規参入業者の脅威、代替品の脅威、の5つの面に分けて分析する。**
2	**3つの基本戦略** **企業は、コストリーダーシップ戦略、差別化戦略、集中戦略、の３つのうちのいずれか１つを基本戦略として選択すべし、という理論。**
3	**バリューチェーン（VC）分析** **企業の活動を、購買／物流―製造―出荷／物流―販売・マーケティング―アフターサービスなどの連続したプロセス（主要活動）と、それをバックアップする支援活動（購買活動、技術開発、人事労務管理、全般管理）とで構成される「価値の連鎖」としてとらえる理論。**

に少し学んだマーケティングを思い出し、いわゆる4P（Product・Price・Promotion・Place）の中のProduct（製品）とPrice（価格）とPromotion（販促）に手をつけます。具体的には、価格を下げてお値打ち感を打ち出した特別メニューを開発し、これを冬のキャンペーンとして訴求するチラシを商圏内に折り込んだのです。しかし、結果はまったくといっていいほどの空振りに終わりました。

◆師との出会い

　困り果てた西村に、声をかけてきた人物がいました。常連客の竹森です。元大学教授だった竹森は、G店の店長とも顔見知りの仲でした。竹森がマーケティングの専門家だと聞いていた店長が、なんとか店を救う助けをしてもらえないかと頼んだのです。

「マーケティングのキモは4Pのはず。そこに手を加えたのに売上は一向に変わらない。理論は結局のところ理論にすぎず、実践には役に立たない」とぼやく西村を竹森が諭します。

「確かに4Pが最終的な施策なのは間違いなく、顧客が対価を支払ってくれるのもProductに対してだ。そこでよく勘違いされるのが、売上が上がらない原因を4Pに求めることなんだ。事件は現場で起こるが、問題の核心は違うところにある。マーケティングはただ4Pを考えればよいというものではなく、環境分析から始めて戦略を考え、その結果としての施策が4Pになる。現場で問題が起こる背景には、必ずその原因がどこかにある。大切なのは、マーケティングの流れを頭の中に描きながら、その流れの中のどこに問題があるのかを考えることだ」

　竹森の言葉に目を開かれた西村は、彼を師と仰ぎ、マーケティングを一から学び直します。それも単なる理論としてではなく、店の再建策を具体的に考えながら。本書ではこれから、竹森の教えに従い、西村がどのように問題解決を図ったかを、皆さんと一緒に確かめていきたいと思います。案内役は竹森、その考え方のバックボーンとなっているのが、マイケル・E・ポーターとフィリップ・コトラーです。

コトラーの理論

フィリップ・コトラー

(Philip Kotler、1931年〜)

ノースウェスタン大学ケロッグ・スクール教授。現代マーケティングの第一人者と言われる。下記のような理論が中心的な思想となっている。
主な著書として、『コトラーのマーケティング・マネジメント』、『新マーケティング原論』、『コトラーのマーケティング・コンセプト』、『マーケティング10の大罪』、『コトラーのマーケティング3.0 ソーシャル・メディア時代の新法則』などがある。

本書で活用する主なコトラーの理論

1	**製品特性分析** **自社の商品・サービスが顧客にどのような“価値”を提供しているのかを構造的にとらえ直すフレームワーク。** **「3層モデル」と「5層モデル」がある。本書では3層モデルを用いるが、その際は中核価値、実体価値、付随機能に分けて提供価値を分析、検討する。**
2	**STP分析** **具体的な戦略立案のために、顧客をひとつの意味のあるカタマリとして捉えることで(セグメンテーション、Segmentation)、自社の顧客を明確にし(ターゲティング、Targeting)、自社の差別化ポイントを明確に設定する(ポジショニング、Positioning)という理論。**

ポーター・競争戦略のキモ

何を武器に、どこで戦うか

マイケル・E・ポーターといえば「競争戦略」。その競争戦略を突き詰めれば、勝負に使う武器＝コスト／差別化と、勝負する場＝市場を決めることです。

keyword
コスト・リーダーシップ戦略／差別化戦略／集中戦略

◆基本となる3つの戦略

企業は常に、競合企業との戦いにさらされています。G店の場合なら、近隣にあるロードサイドレストランだけでなく駅前にあるショッピングセンター内の飲食店など商圏内の顧客獲得競争を戦っていました。

戦いを勝ち抜くためには、戦い方すなわち戦略を考える必要があります。

ポーターによれば、市場での企業の戦い方は、大きく3種類の基本戦略に分類されます。分類するための基準は、まず競争力の源泉つまり自社の武器をどう捉えるかです。

武器は大きく分けて2つあります。コストと価値（商品力）です。もちろん理想は価格が安くて価値が高いことですが、現実問題としてこの2つを両立させることは不可能に近いでしょう。そこで、価値にそれほど差がないなら安さで勝負するか、あるいは少々価格が高くとも価値の高さで勝負するか。いずれかの戦略を採ることになります。

前者がポーターの言う「コスト・リーダーシップ戦略」、後者が「差別化戦略」です。

「コスト・リーダーシップ戦略」のポイントは、業界内での最低コストを実現し、市場価格の決定権を握ることです。競合との価格競争に勝ちながらも、

ポーターの競争戦略

コスト・リーダーシップ戦略

前提：圧縮すべきコストが大きい（固定費・変動費）

リスク：コスト構造を覆す技術革新、特定市場の急拡大

差別化戦略

前提：明確な差別化ポイントと模倣困難な継続的なしくみ

リスク：差別化を上回る低価格攻勢、特定市場の急拡大

集中戦略

前提：自社だけが得意なことを活かせる特定市場の存在

リスク：特定市場の縮小、市場拡大による競合の参入

きちんと収益を出せる体質を作るために経営資源を優先的に配分することが必要です。

一方「差別化戦略」では、何で差別化を図るかを幅広く考えることがポイントです。この場合、顧客にとっての価値は、製品の品質だけとは限りません。品揃えの多様さ、豊富な流通チャネルによる利便性の向上、あるいはアフターサービスの充実なども競争力となります。

このように自社の武器を明確にした上で、次に考えるべきは戦いの場、すなわち市場です。

市場に着目したときに出てくるのが第三の戦略「集中戦略」です。すなわち特定の顧客や地域に自社の市場を限定し、そこで戦うのです。

体力勝負では大企業に勝ち目のない企業でも、限定した範囲内でゲリラ的に戦えば勝機を見いだすことが可能です。

限定された市場内での戦い方も、コストを武器にする「コスト集中戦略」と差別化を武器とする「差別化集中戦略」に細分されます。

◆各戦略に求められる前提条件

「コスト・リーダーシップ戦略」を採るためには、当然、低コストが前提条件となります。固定費と変動費をいかに削減するかがカギとなるのです。製品単位あたりの固定費を抑えるためには、生産量や販売量を増やして「規模の経済」を追求することが必要です。同時に生産や販売にかかる人件費を効率化するための「経験効果」や、生産設備や原材料、人的資源、販売チャネルの共有によりシナジー効果を求める「範囲の経済」を追求しなければなりません。

「差別化戦略」を採る上での必須条件は、他社が簡単には真似ることのできない差別化要素を持っていることです。そのためには特別な技術やノウハウ、あるいは独自の企業文化など、差別化を実現するしくみを備えていることが大前提となります。加えて、一度築き上げた差別化要素をただ守るのではなく、常にブラッシュアップを欠かさず、競合との差を維持し続けるためのしくみも必要です。

「集中戦略」では、自社が確実に勝てる市場を見つ

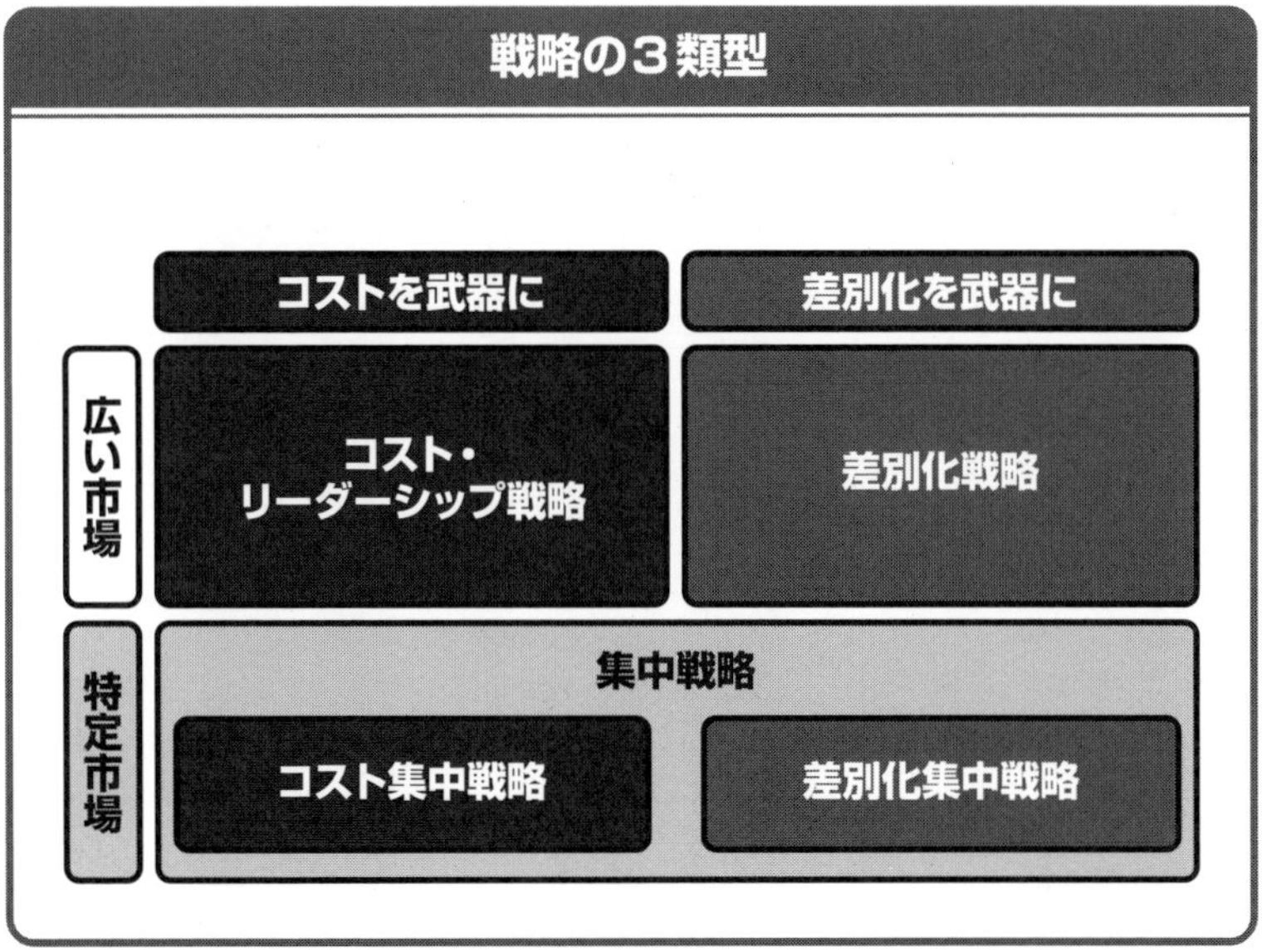

け出すことが決定的に重要です。その場合は、大手企業が参入しないことがポイントです。すなわち市場規模が小さいとか収益性が低いなどの理由で、コストリーダー戦略や差別化戦略を展開する大手企業には参入メリットが感じられないような市場を見つけられるかどうかに勝負がかかっているのです。

いずれの戦略を採る場合でも、戦いの場である市場環境が時間とともに変化することを頭に入れておくことが必要です。顧客の動き、競合の参入など市場は常に変化しています。環境の変化を敏感に読み取り、過去の成功体験に囚われることなく変化に柔軟に対応することが勝ち残るための条件です。

ではG店はどのような戦略を採っていたのでしょうか。G店は価格で勝負するのではなく、味やサービスのよさ、落ち着いた店の雰囲気などを売り物とする差別化戦略を採っていました。しかも、多くの小売店がそうであるように、限定された商圏内でビジネスを展開しています。つまりG店は差別化集中戦略を採っていたのです。

コトラー・ポジショニング理論のキモ

誰にどんな魅力をアピールするか

keyword
ＳＴＰ／セグメンテーション／ターゲティング／ポジショニング／ＱＳＣＡ

フィリップ・コトラーは、マーケティングプロセスを価値と対価の交換と定義しました。突き詰めるべきは、誰に対して、どのような価値を提供するのかを考えることです。

◆戦略と具体的な施策をつなぐカギ

Ｇ店は基本的な戦略の方向性として「差別化集中戦略」を採っています。方向性が決まれば、具体的な打ち手「マーケティングの４Ｐ」も見えるはずと考えるマーケッターが多いのですが、ここに落とし穴があります。

本書のタイトルにポーターとコトラーを並べているのには、重要な理由があります。環境分析から戦略の方向づけまではポーター理論を活用し、具体的な戦略と施策を考える上ではコトラーの理論を使うのです。なかでもポイントは、具体的な戦略立案のために使うＳＴＰ（Segmentation・Targeting・Positioning）です。戦略の方向性が決まれば、次はＳＴＰを定める。ここを飛ばして４Ｐをいきなり考えようとするために失敗するケースが多々あります。

◆顧客をカタマリで捉えるセグメンテーション

セグメンテーション（Segmentation）とは、「市場に点在する顧客を、ひとつの意味のあるカタマリとして捉える」ことです。では、そのためには、どうすればよいでしょうか。カギは顧客のニーズにあります。

たとえば外食に対するニーズは、それこそ千差万別です。手軽に食事をすませたいニーズ、安心安全

コトラー理論のポイントはSTP

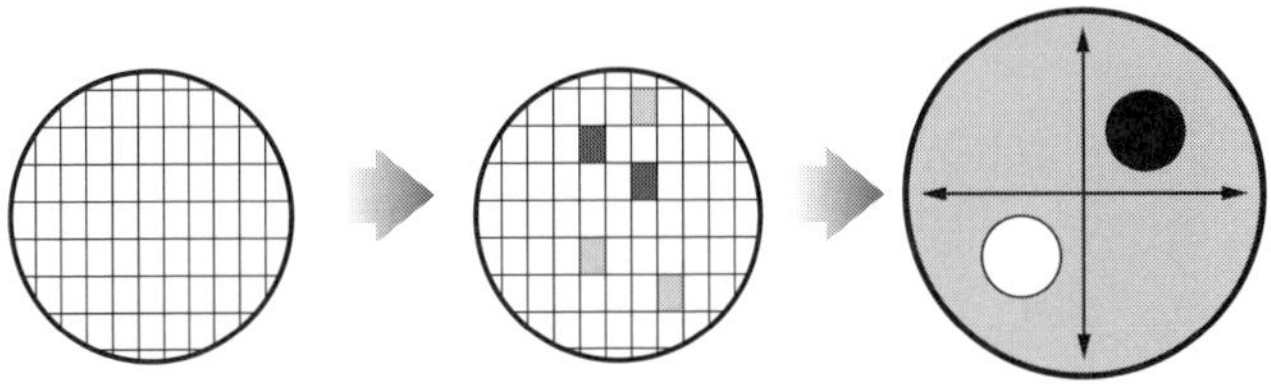

Segmentation

不特定多数の顧客を、マーケティング戦略上、同質として考えても差し支えないと判断される集団（市場セグメント）にブレークダウンすること。

◎地理的変数
◎人口動態的変数
◎心理的変数
◎行動変数
：

Targeting

どのような市場を狙うべきかの検討

◎競争環境
◎市場規模
◎成長性
：
市場が魅力的かどうかの判断基準

Positioning

ターゲットに対する魅力の打ち出し方。
競合と差別化を図るポイントの明確化。

な食を求めるニーズから落ち着いた雰囲気の中でゆったりと団らんを楽しむニーズまで、非常に幅広いニーズが考えられます。数多いニーズのどこに絞り込むのか。この絞り込みがセグメンテーションです。G店がセグメントしているのは、ロードサイド外食店でも、落ち着いて和食を楽しみたいニーズです。

セグメンテーションができれば、自ずとターゲティング（Targeting）がはっきりします。落ち着いて和食を楽しみたいのは、どのような人たちなのか。おそらくは中流より上の人たちで、その年齢層もやや高めとなるでしょう。すなわちG店の商圏内にある、高級住宅地に暮らす富裕リタイヤ層です。

その上でターゲットに対して、自社の差別化ポイントを明確に設定する必要があります。これがポジショニング（Positioning）です。

◆具体的な施策の要となるポジショニング

G店のように差別化集中戦略を採る場合、決定的に重要なのがポジショニングです。ターゲットの価値観に照らし合わせてみたとき、どうすれば競合よりも自社が魅力的に見えるかを考えるのです。

G店の場合、同じ商圏内に他に和食レストランがあるとすれば、そことの違いをどのように打ち出すか。一般に飲食業を構成する要素はQSCAに分解されます。Quality＝味に代表される品質、Service＝接客サービス、Cleanliness＝清潔感、Atmosphere＝雰囲気です。競合店が味で勝負しているのなら、まず味で負けないことが必要条件となります。その上で接客サービスや雰囲気のよさで競合店と差をつけることがポジショニングです。

ポジショニングを検討するための詳細な手順は後述しますが、大きく次の3点に注意する必要があります。①ターゲットが明確に定められていること、②ターゲットにとっての魅力がはっきりしていること、そして③その魅力がわかりやすいことです。セグメンテーション、ターゲティング、ポジショニングがきちんとできた時点で、ようやく具体的な施策、つまり4Pに至るのです。

飲食店のポジショニングを構成する要素

**QSCAの各要素の組み合わせで
ポジショニングが形成される**

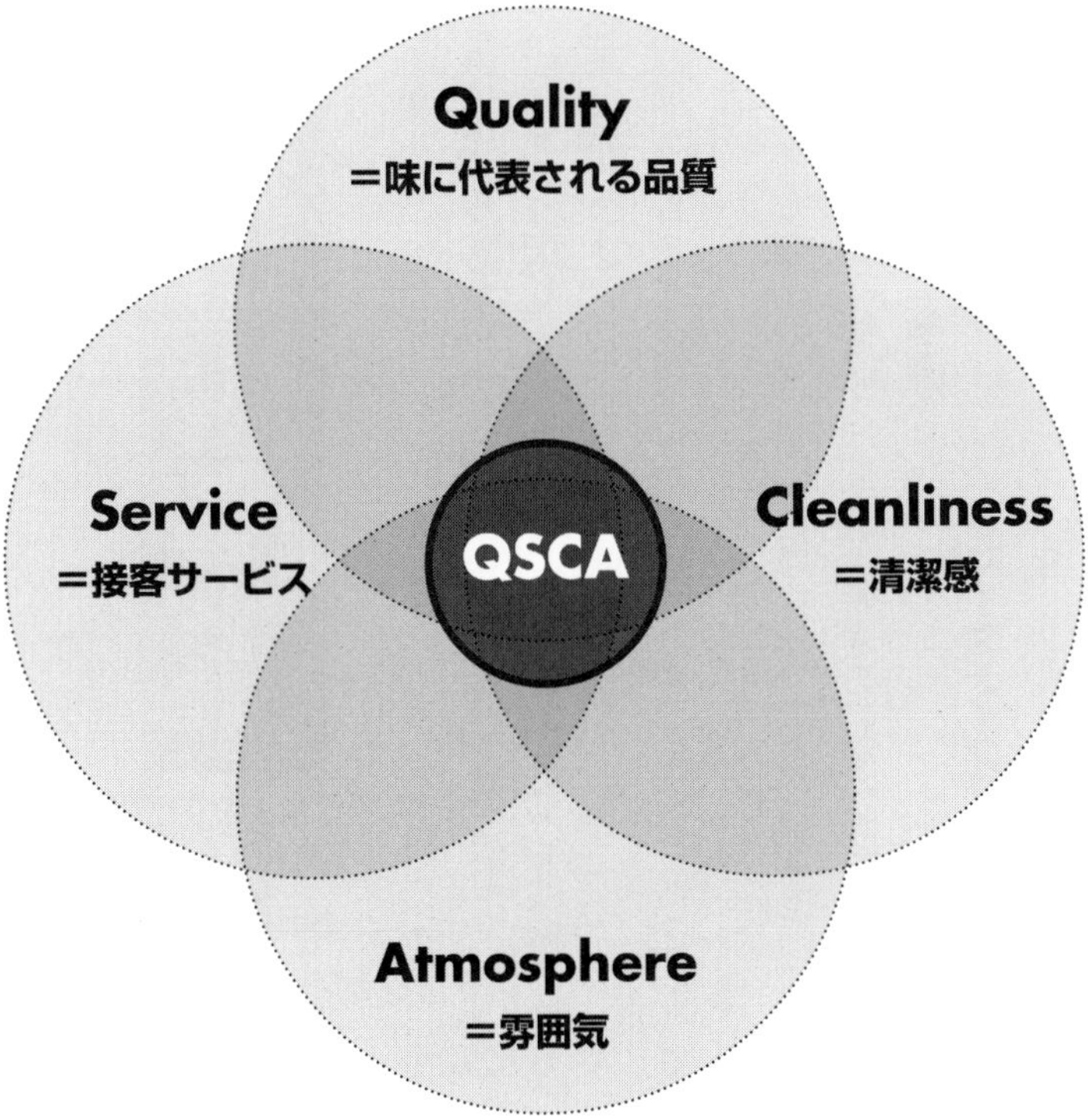

売れ続けるしくみを作る

常に全体像を意識する

マーケティングといえば4P—この短絡的な思考こそがマーケティング理論を使えないものにしている真犯人です。現場で起きている事件だけに囚われることなく、その背後に潜む原因を考えることが重要です。

keyword
環境分析／戦略立案／施策立案

◆なぜ思ったとおりに売れないのか

G店は、ある年の冬に入って急に売上が落ちました。スーパーバイザーの西村には、その原因がわかりません。メニューや接客は従来どおりのクォリティを保っています。近隣に新たな競合となるような店がオープンしたわけでもありません。コンペの後の宴会は途絶えてしまったものの、ゴルフ場はいつもどおり賑わっているようです。何か手を打たなければと焦った西村は新しいメニューを開発し、新メニューをアピールするチラシを折り込みましたが、成果はありませんでした。

そんな時、困り果てた西村の前に現れたのが竹森でした。ポーターとコトラー、マーケティングの二大巨匠の理論を引きながら竹森が懇々と説いたのは、マーケティングを一連の流れとして考えることの重要性です。

思ったように売れない。だからメニューを変える、価格を下げる。これでは対症療法にすぎません。売れなくなった本質的な原因を突き止めない限り、問題は解消されないのです。

◆マーケティングは流れで理解する

マーケティングは「環境分析」「戦略立案」「施策立案」の3段階に分け、これらを一連の流れとして

マーケティングの流れは３段階

環境分析

◎自社を取り巻く環境を精査
◎自社にとっての「市場機会」が明確になる
◎機会をつかむための「事業課題」が浮き彫りになる

戦略の方向性が決まる!

戦略立案

◎市場を細分化する
◎ターゲットを明確に設定する
◎自社をどのようなポジションで訴求するかを決める

具体的な戦略が固まる!

施策立案

◎Product（製品）
◎Price（価格）
◎Place（チャネル）
◎Promotion（販促）

マーケティングミックスの「4P」が決まる!

考えることが必要です。売れない原因は、最終的な製品や価格にではなく、市場環境から戦略、施策の流れの中のどこかにあるのです。

環境分析では、自社を取り巻く環境を精査します。この環境分析を通じて、自社にとっての「市場機会」が明確になり、機会をつかむための「事業課題」が浮き彫りになります。これで戦略の方向性が決まります。その上で戦略立案をしていきます。市場を細分化し、ターゲットを明確に設定し、自社をどのようなポジションで訴求するかを決めます。具体的な戦略が固まれば、施策立案つまり4Pは自然に決まっていきます。

これまで売れていたものが売れなくなったのなら、その理由は、この一連の流れのどこかにあるのです。本質的な原因を見つけ出さない限り、正しい対処策も出てこないのです。

◆マーケティングの原点

そもそもマーケティングとは何でしょうか。コトラーの定義によれば「マーケティングとは、製品と価値を生み出して他者と交換することによって、個人や団体が必要なものや欲しいものを手に入れるために利用する社会上・経営上のプロセス」とされます。わかりやすく言えば、製品として表現された価値を（対価と）交換するプロセスです。

たとえばペットボトルの水を買う人は、そこにどんな価値を見いだしているのでしょう。幸いなことに日本では、水道の蛇口をひねれば、一応安心して飲める水が出てきます。20年ほど前なら、わざわざお金を払ってボトル入りの水を買うことなどあり得ませんでした。けれども今は水道水をそのまま飲む人のほうが少ないぐらいです。

時代の移り変わりにより、なんとなく水道水は体によくないと感じる人が増えています。だからペットボトルの水に価値を認める人が出てきたのです。マーケティングとは価値と対価を交換するしくみです。ただし、その価値は、環境の変化により変化し続けることを頭に入れておくことが必要です。

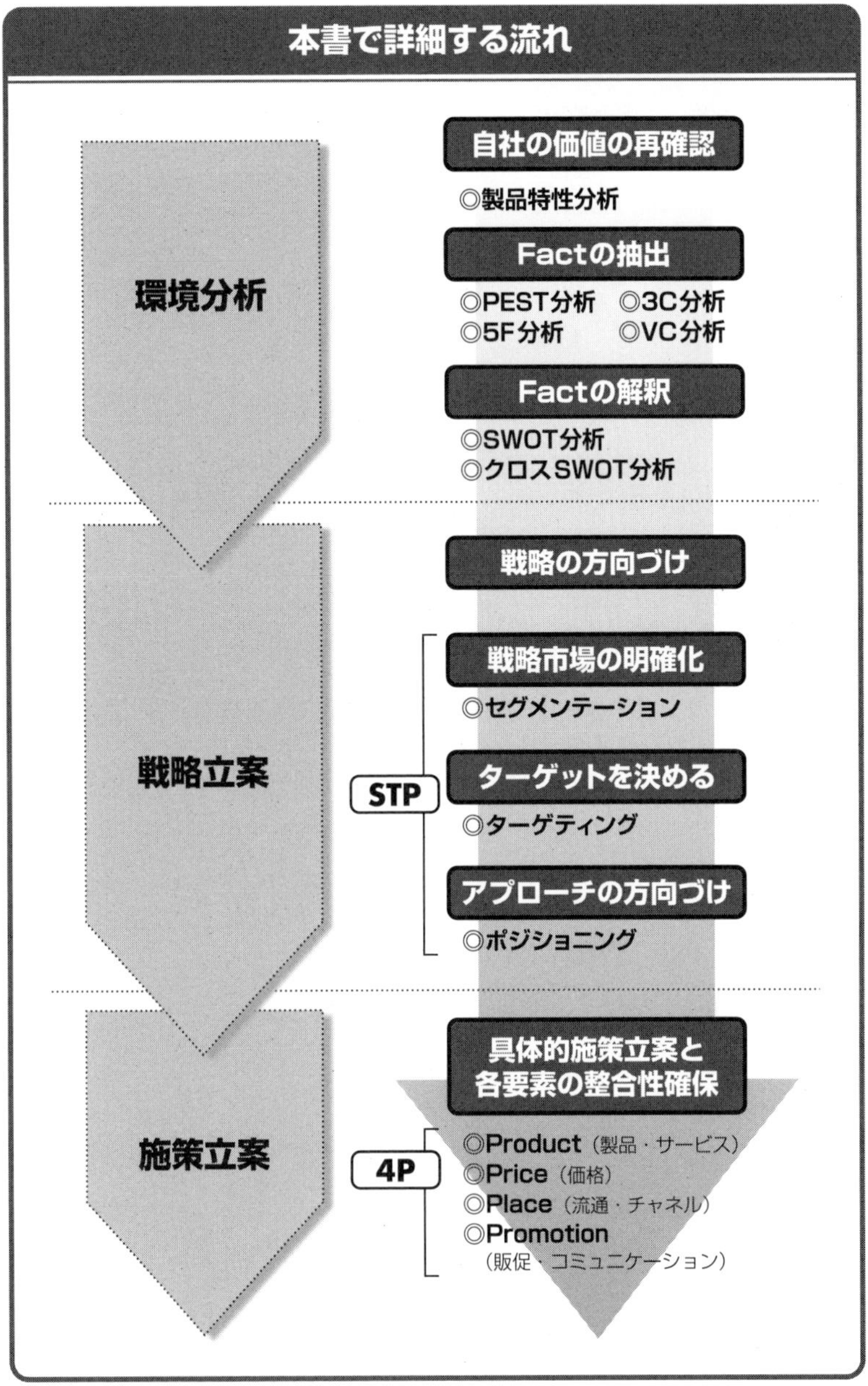
本書で詳細する流れ
環境分析
自社の価値の再確認
◎製品特性分析
Factの抽出
◎PEST分析 ◎3C分析
◎5F分析 ◎VC分析
Factの解釈
◎SWOT分析
◎クロスSWOT分析
戦略立案
戦略の方向づけ
STP
戦略市場の明確化
◎セグメンテーション
ターゲットを決める
◎ターゲティング
アプローチの方向づけ
◎ポジショニング
施策立案
具体的施策立案と
各要素の整合性確保
4P
◎Product（製品・サービス）
◎Price（価格）
◎Place（流通・チャネル）
◎Promotion
（販促・コミュニケーション）

序章のまとめ

1 何かトラブルが起こったときこそチャンス。トラブルを解消できれば、確実に一歩先へ進むことができます。前向きに考えましょう。

2 自社の武器はなにか、戦いの場はどこに求めるのか。ビジネスも戦いなのだから、自社の武器（＝強み）を、最も活かせる土俵で勝負することです。

3 武器とは、お客様に提供する価値のこと。どんなお客様に、どのような価値を提供するのか。価値をくっきりと描くことが勝つための条件です。

4 マーケティングとは、お客様にとっての価値を基準に、環境分析・戦略立案・施策立案の3段階で考えること。この3つの流れを意識してください。

MATOME

第1章

PORTER × KOTLER

客はメシを食いに来ていたのかね

［コトラーの製品特性分析］顧客価値を明らかにする

自社が提供している価値は何か

客は何に対して対価を払っているのか

マーケティングで大切なのは、顧客にとっての価値を考えること。そのためには、まず顧客を明らかにすることです。

keyword
価値／対価

◆G店の価値とは

「マーケティングは流れで考えることが大切である。マーケティングの原点は価値と対価を交換するプロセスを考えることにある。忘れてはならないのは、自社が、誰に対して、どんな価値を提供しているのかだ」

竹森の教えを受けて、西村はG店の現状について改めて考え直してみました。そもそもG店が提供している価値は何だったのか。和風レストランである限り、顧客に提供するものが食事であることは間違いありません。しかし、西村は、竹森が話の中で持ち出した問いが頭から離れないのです。竹森は西村に「客は飯を食いに、この店に来ていたのかね？」と謎をかけました。食事をするため以外に、いったいどんな目的が考えられるというのでしょう。

飲食店が大切にすべきポイントは一般にQSCA―次の4つに分類されます。Quality＝料理の品質、Service＝接客サービス、Cleanliness＝清潔感、そしてAtmosphere＝雰囲気です。競争に勝つためには、この4つのポイントがいずれも合格点を超えていることが必要条件となります。その上で各ポイントにどのようなバランスをつけるかが店の差別化につながります。ここで大切なのはメリハリをしっかりとつけることです。

マーケティングとは何か

マーケティングとは…
「売れ続けるしくみ作り」

×「売る」「売れた」
○「売れ続ける」

×「売る」こと
○「しくみを作る」こと

何度でも繰り返し、誰が売っても売れるという
「しくみ」を作る活動がマーケティングである。

少々店が汚くとも、とびっきりうまい料理を出す食い物屋、味はそこそこだけれど接客サービスが抜群に素晴らしい料理店、味もサービスもまずまずながら内外装を含めた店内の雰囲気がひときわムーディーなレストラン。自分たちが狙うのはどのような顧客なのか、その顧客が求める価値を提供するためにはどうすればいいのか。競争に勝つためには、限られたリソースをどのように配分するかが問われるのです。

◆価値とは誰にとっての価値？

「ウチの場合はどうだったのだろう」と考えた西村の頭にまず浮かんだのは、価値を提供する相手のことでした。飲食店の価値のありようは、その価値を提供する相手によって当然変わります。たとえば、牛丼店に来る客が求めている価値は、それこそ「うまい・やすい・はやい」でしょう。もちろん、だからといってカウンターの上が汚れていては競争に勝てません。味と価格に差がなければ、店員の愛想がよく活気あふれる店のほうがはやることも確かでしょう。しかし、いくら店内がピカピカにきれいで、感じのよい接客をしてくれる牛丼店であっても、肝心の牛丼の味や量に問題があれば、その店は牛丼店としては成立しないはずです。

牛丼店を訪れる客は、何よりがっつりと牛丼を食べたい客だからです。自社が提供する価値を考えるためには、価値を提供する相手を明確にする必要があります。

◆G店の客は誰か

そこで西村は、店に来てくれていたお客様の顔を思い出せる限り頭の中に描いてみました。西村はスーパーバイザーであり各店を巡回指導しています。そのため、店長のように毎日お客様と顔を合わせることはありません。誰が常連客なのかもわかりません。しかし、可能な限りいろいろな曜日のさまざまな時間帯に店に顔を出し、折々の店の様子を見るよう心がけてきたつもりです。

記憶の中で1つの共通点として浮かんできたのが、やはりお年寄りが多いことでした。ただし、お年寄りと言っても品のよさやゆとりを感じさせる方々です。

それは身につけている服が何気なく素材や仕立てのよさを感じさせるものであったり、履いている靴が上質の革だったり。あるいは髪がていねいにカットされていたり、肌の手入れがきちんとされていたりすることが醸し出す雰囲気のようなもの。それなりに歳を重ねているけれども、老いさらばえた感じはありません。おそらくはそのほとんどがG店の商圏内にある高級住宅地に暮らす人々です。ゴルフ帰りの飲み会に参加していた人の多くも、彼ら富裕シニアでした。

もう1つ、特に休日の夜に目についたのが、彼らがお孫さんと一緒に来ていたことです。おそらくは訪ねてきた息子さん、娘さん夫婦とご一緒されていたのでしょう、休日はまず6人掛けの席から予約が埋まっていったことを思い出しました。

価値と対価の交換とは

「個人や団体は**価値**のある製品を創造し、提供し、さらに他者と**交換**することによって、必要なものや欲しいものを手に入れるために使用する社会上・経営上のプロセス」
（フィリップ・コトラー）

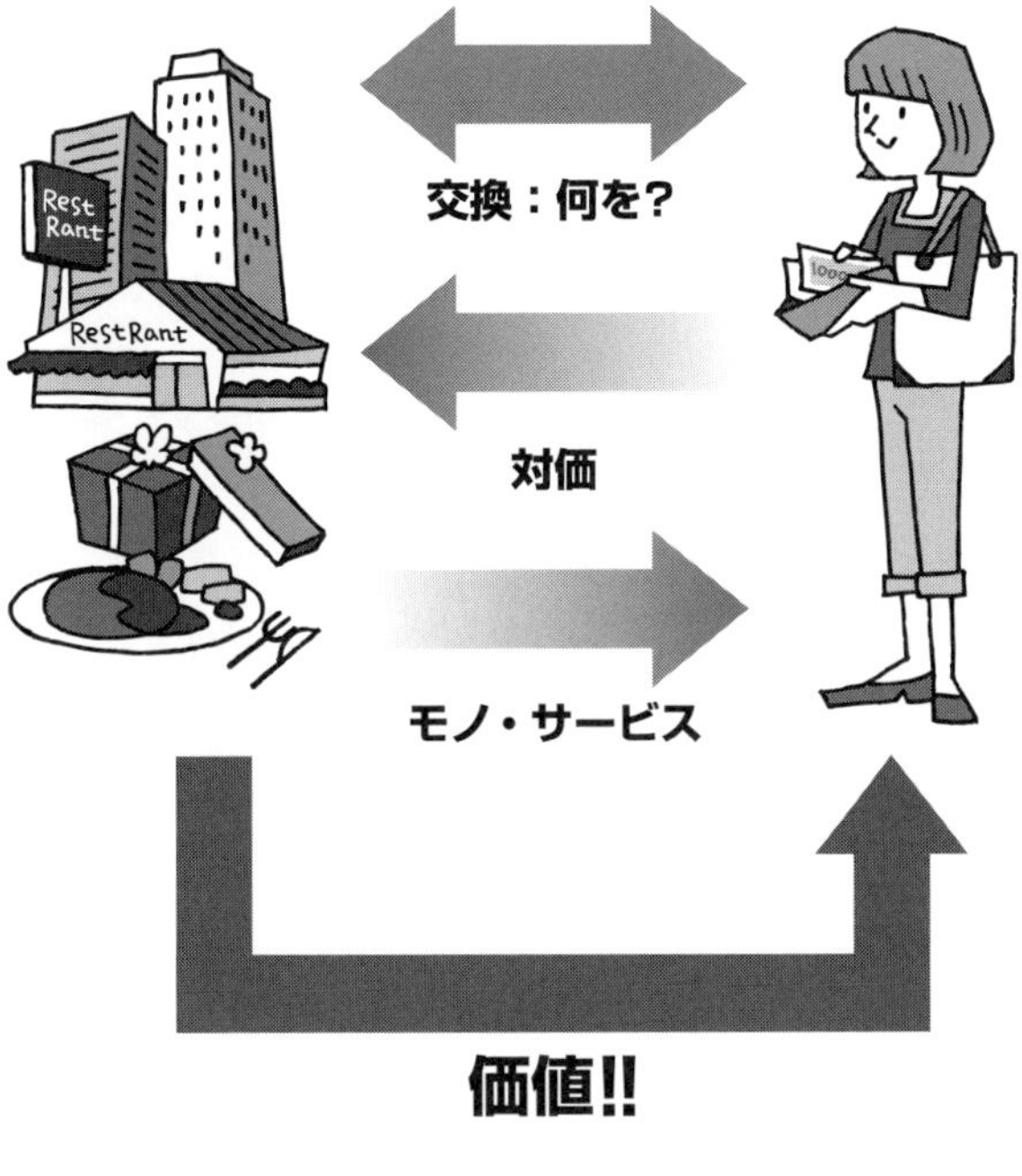

顧客はモノ（サービス）に対価を払っているのではない!

その背後にある「**価値**」に対して対価を払うのである。

コトラーの価値の3層モデル

価値は中核、実体、付随機能で考える

顧客にとっての価値は、構造化して捉えることがポイントです。さらに、価値は環境によって常に変化することを、頭に入れておく必要があります。

keyword
3層モデル／中核価値／実体価値／付随機能

◆価値の3層モデル

顧客にとっての価値を考えるとき、参考になるのがコトラーの製品特性モデルです。コトラーは製品やサービスの価値を3層に構造化して捉えました。

3層モデルにおいて、価値は「中核」「実体」「付随機能」の3つのレベルに分解されます。

中核価値は、顧客がその製品やサービスで手に入れる、核となる便益です。たとえば人が外食に求めるものは「食事」そのものであり、より直接的には「(生きるための)栄養」とも考えられるでしょう。

実体価値は、製品の特性を構成する要素です。食事なら味であり、素材も含まれます。

付随機能は、中核価値に直接的な影響は及ぼさないけれども、その存在によって製品の魅力が高まる要素のこと。外食なら一般には接客サービスや清潔さなどが当てはまります。

売上が落ちているときには、まず自社が顧客に提供している価値をいま一度分解して考え、どこに問題があるのかを検証することが必要です。

◆顧客により価値構造は異なる

ではG店の価値構造はどうなっているのでしょうか。一般的な外食産業であれば、中核価値＝栄養、実体価値＝味・素材、付随機能＝サービス・清潔感

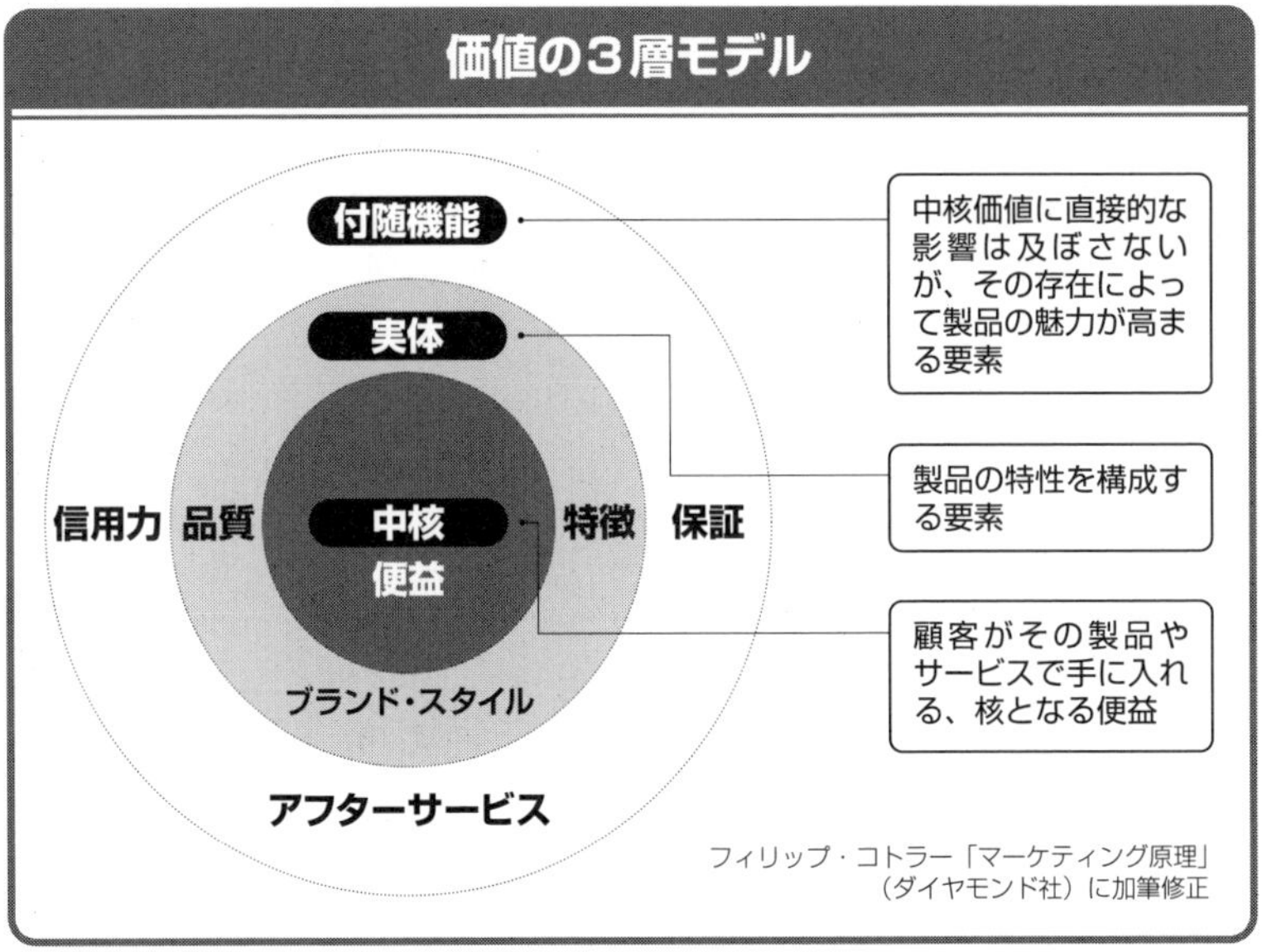

フィリップ・コトラー「マーケティング原理」（ダイヤモンド社）に加筆修正

と考えてよいでしょう。

しかしG店に来る客を対象として価値構造を設定するならば、食事そのものや栄養が中核価値とは考えられません。メインの顧客である富裕シニアにとって、味や素材がよいことは、取り立てて言うほどの条件とはなりません。彼らにとっての飲食店とは、それらは一定レベルをクリアしているのが当たり前のこと、前提条件なのです。逆に言えば、そのレベルに達しない店は最初から眼中に入ってこないわけです。

彼らにとっての中核価値とは、食事をしながら楽しく過ごす時間にあります。したがって実体価値では、食事の質に加えて接客サービスが極めて重要なポイントとなるわけです。たとえば、フロアマネジャーが常に客席の様子に目を配り、飲み物がなくなりそうな客を見つければ、そのグラスが空になる前に、次の一杯をお勧めに行く—そうしたきめ細かな心配りがもたらす居心地のよさが、富裕シニアからG店が評価されていたポイントです。そして付随機能は、富裕シニアが落ち着きを感じる内外装です。

◆価値構造は変化する

ひと口に外食産業といっても、その価値構造は狙う顧客によって変わってきます。また同じ製品・サービスを提供し続けていても、時間が経てば周りの環境が変化するため、自社の価値が相対的に劣化する可能性もあります。

価値構造が大きく変化した典型的な例が携帯電話です。そもそも携帯電話は「電話」と名がつくように、本来の中核価値は通話にありました。けれども、iモードのようなサービスが始まったことで、メール機能が中核価値につけ加えられました。

象徴的なのは、この時点で携帯電話から「電話」がとれ「ケータイ」と呼ばれるようになったことです。表記上もカタカナの「ケータイ」が使われるようになります。

そのケータイは今ではスマホ（スマートフォン）と呼ばれるようになりました。スマホは外見こそ似ているものの、実体は携帯電話とは似て非なるもの。当然、その中核価値も変化しています。ネーミングにしても、「スマホ、スマートフォン」に携帯電話の面影は見当たりません。

スマホの中核価値を通話と考える人は少数派でしょう。スマホとは、スティーブ・ジョブズがこの世で初めてiPhoneをお披露目したときの言葉を借りるなら、「インターネット接続デバイス」です。

したがって、その実体価値は3GやWi-Fi接続などによる通信のつながりやすさや、タッチパネルの使いやすさ、バッテリーが長持ちすること、そして豊富なアプリなどに求められるでしょう。付随機能は、デザイン性やメモリーの容量と考えられます。

価値構造を考えるときには次の2点が重要です。同じ業種・業態であったとしても、ターゲットとする顧客により価値構造は異なることが一点。もう一点は、価値構造を固定化したものとして考えるのではなく、環境や顧客ニーズの変化に対応して、常に修正する意識を持つことです。

「価値の3層モデル」の具体例

携帯電話（ケータイ）の事例	メタボ予備軍にとってのサントリー「黒烏龍茶」の事例
中核価値 ◎通話、ブラウジング、メール	**中核価値** ◎脂肪分の吸収が抑えられる
実体価値 ◎どこでもつながる ◎バッテリーが長持ち ◎壊れにくい&防水 ……など	**実体価値** ◎喉の渇きをうるおす
付随機能 ◎デザインがいい ◎カラーバリエーション ◎コンシェルジェ機能……など	**付随機能** ◎食事によく合う味わい ……など

価値を実現するためのコスト

安易な値下げが価値を毀損する

環境の変化に適応することは必要です。しかし慎重に対応しないと、適応したことが顧客にとっての価値を損なうリスクがあります。

keyword
デフレ／価格／FL費／ボリュームディスカウント

◆価値構造の本質を見誤るな

G店の売上を支えていたのは、中核価値である「食事をしながら楽しく過ごす時間」でした。その中核価値を認めてくれる顧客は、商圏内にある高級住宅地に暮らす富裕シニアです。

これを理解した西村は、つい最近実施した改善策が間違っていたことに気がつきました。G店は、郊外ロードサイドで飲食店が集まっている一角に立地しています。とはいえ、その多くはファストフード店や低価格を売り物にする居酒屋であり、G店の直接的な競合ではありません。客単価だけで考えた場合には、近隣に一軒ある高級焼き肉店がバッティングする可能性がありますが、それぞれの中核価値を考えれば焼肉店とG店が競合関係にないことは明らかです。

ただ、世の中はデフレの波に襲われていました。マクドナルドが「100円マック」で外食産業に衝撃を与えたのが2005年のこと。低価格化への流れはG店近隣の外食店にも広がり、価格を下げる店が増えています。こうした動きを受けて、G店も一部メニューの値下げに踏み切っていました。

◆毀損したG店の中核価値

価格は、マーケティングの具体的な施策の中で、

G店の価値構造

一般的な外食産業	G店の場合
中核価値 ◎「食事」そのもの ◎より直接的には「栄養」	**中核価値** ◎食事をしながら楽しく過ごす時間
実体価値 ◎味 ◎素材も含まれる	**実体価値** ◎食事の質 ◎接客サービス
付随機能 ◎接客サービス ◎清潔さ ……など	**付随機能** ◎落ち着きを感じる内外装

極めて重要な要素です。プライシングを誤ると利益が出ないばかりか、最悪の場合はコストを回収することもできなくなります。かといって顧客の感覚に合わない高価格では、そもそも顧客を得ることができません。

　企業が価格設定を行う場合、最も簡単で確実に利益を確保できるのが、原価を積み上げるやり方です。製品やサービス提供に必要なコスト（減価償却分を含む固定費＋変動費＝原価）に、利益を上乗せします。したがって、値下げを行う場合には利益を削るか、あるいは原価を抑えるかのいずれかで対応する必要があります。現実的には利益を削りながら、同時に原価も抑えようとするケースがほとんどです。そこで考えるべきは、原価を抑えるとどのような悪影響が出るかです。

　飲食店の原価を考える場合、削減対象となるのはFL費（Food＝食材、Labor＝人件費）です。この比率は一般的に売上比で60％前後、理想は55％程度が目標です。ただ、業態により食材のロス率などが若干変わり、G店のような日本料理店の場合は62％程度が平均値とされます。

　G店はチェーン店のスケールメリットを活かして、食材の仕入れにボリュームディスカウントを効かせていました。したがって、FL費率は58％と平均を下回っています。見方を変えれば、すでに食材に関しては原価を切り詰める余地はなく、手をつけるとすれば人件費しかありませんでした。

　西村がG店で行ったコスト削減策も、まさに人件費削減です。具体策としてはホールスタッフの入れ替えを行いました。スタッフを減らすとサービス低下に直結すると考えた西村は、スタッフの総時給削減に踏み切ります。時給の高いベテランをシフトから外し、時給の安い学生バイトを増やしたのです。

　その結果、G店の顧客から見て、どのような変化が起こったか。表面的には「気が利かない」店員が増えました。すなわち接客サービスが低下し、G店が従来の顧客に支持されていた中核価値が損なわれてしまったのです。

コストの構造とFL費

FL費
原材料費
（食材費＋飲料費）
人件費
（正社員・パート・アルバイト）
家賃
（家賃＋共益費）
水道光熱費
（ガス・電気・水道）
備品・消耗品費
（調理備品・フロア備品・事務備品）
その他経費
（通信費・町内会費等）
減価償却費
（借入金の返済含む）
売上原価
総売上高
営業利益

事例 1

新たなターゲットに対する、新たな中核価値の創造で成功したサンシャイン水族館のリニューアル

POINT ・・・価値の3層構造、中核価値

1　事業環境の変化を捉え、ターゲット設定を見直す。
2　さらに、新たなターゲットに向けて価値構造を作り替える。

池袋のサンシャイン水族館が絶好調だ。2011年8月のリニューアルオープン以来、わずか5か月で入場者数は120万人を突破し、年間目標の140万人に迫る勢いを見せている。リニューアルが成功した理由は、ターゲットチェンジと新しいターゲットに的を絞った中核価値の再構築にある。

ターゲットを変える

サンシャイン水族館は1978年に開業した。以来30年以上の時間が経ち、老朽化が進んでいた。立地は池袋サンシャインシティ内と、都心の一等地で非常に恵まれているが、一時は年間入場者数が70万人程度まで落ち込んでいた。

そこで２０１０年９月に休業し、約１年の歳月と30億円の費用をかけて全面リニューアルを実施。その結果、現在は大盛況となっている。

なぜサンシャイン水族館のリニューアルは成功したのか。その要因を「マーケティングの流れ」に従って考えてみよう。カギを握るのは、コトラーの製品特性３層モデルだ。サンシャイン水族館は顧客にとっての価値の見直しを徹底した。ポイントは、誰にとっての価値なのかを考えることだ。

水族館の顧客とは誰だろうか。あまり深く考えなければ、水族館＝子ども、あるいは家族連れが行くところと答える人が大半だろう。ということは、そこを見直せばチャンスがあるとも言える。つまり子どもではなく、大人をターゲットにすれば、そこに新たなセグメントが浮かび上がってくる。池袋の土地柄、サンシャインシティを含め近隣にある施設の性格を考えれば、大人それも若い人をターゲットにするメリットは大きい。

だからといって子どもを排除する必要はまったくない。もともと旧サンシャイン水族館の来場客数は、大人７割、子ども３割だったという。リニューアルにあたっては、このバランスを少し変えて大人８割を目指した。これが成功する。

新しい中核価値を表す新しいコンセプト

大人をメインターゲットとして、新しく打ち出されたコンセプトが「天空のオアシス」

である。メインターゲットである大人たちに、水族館は何を見せようとするのか、すなわちどんな中核価値を提供するのか。これが沖縄の「美ら海水族館」のように、本当に海の間近にある水族館ならば、海の生き物を「わざわざ」見にくると考えてもよいだろう。ところがサンシャイン水族館は都心の水族館、それもビルの屋上である。「たまたま」池袋に来た大人が、水族館に期待するものがあるとしたら、それは何か。

サンシャイン水族館は自社の中核価値をオアシス、つまり疲れを癒し、心に安らぎを与えてくれる場と定めた。だからサンシャイン水族館のコンセプトは「天空のオアシス」となった。訪れる客に見せるものは、海の動物ではなく「水」である。その水が大人に与える価値は、癒しであり、安らぎだ。ここに中核価値の見事な転換が見てとれる。水族館→子ども→海の珍しい生き物を見せるところではなく、「都心部の水族館」→新たなターゲットの大人に来てもらうためには→水の癒し・安らぎ効果を与えるオアシスと、中核価値を定義し直した。

これに伴い、実体価値の見直しも行われた。ポイントは、海の生き物を見せることではなく、海の生き物がいる水空間を見せることである。ここでビルの屋上という本来なら制約条件となるものを、逆転の発想で見事にメリットに転換してしまう。通常、ビルの屋上などに水族館を作る場合は、建築上の制約を大きく受ける。その理由は水の重さだ。1立方メートルの水の重さは1トンになるため、いくら水を見せるためとはいえ、無制限に水を使うことはできない。水の重みに建物が耐えられないからだ。

そこで出てきたアイデアの1つが、頭上でアシカやペンギンが泳ぎ回る「サンシャインアクアリング」である。下から見上げる水槽であれば、水の深さを観客が意識することはない。低い水位、つまりそれほど水を使わずに水槽を作ることが可能になる。それでいて頭上いっぱいに水が広がっていれば、観客はたっぷりと「水」を感じることができる。

中庭にはアルコールを楽しめるオープンカフェも設置された。これは、ターゲット顧客である大人が寛ぐための付随機能と言えるだろう。

従来の水族館とサンシャイン水族館の違いを、コトラーの製品特性3層モデルに従ってまとめるなら、次のようになる。

中核価値　従来型水族館＝海の生き物を見せる→サンシャイン水族館＝水を見せる

実体価値　従来型水族館＝海の生き物のための水槽→サンシャイン水族館＝生き物を通じて水を感じる水槽

付随機能　従来型水族館＝子どものための館内アメニティー設備→サンシャイン水族館＝大人がリラックスするためのアルコールも提供するカフェ

つまりサンシャイン水族館リニューアルは、ターゲット設定を見直し、新たなターゲットに向けて価値構造を作り替えたことによって大成功となったのだ。

第1章のまとめ

1 お客様に提供する価値は、常にお客様視点で見直すことが必要です。いくらコストをかけても、お客様が製品やサービスの価値を認めなければ、対価は得られません。

2 価値は、常に3層モデルで考えるクセをつけましょう。同時に環境によって、お客様にとっての価値は必ず変化することも忘れないように。

3 価格は価値を提供するためのコストがベース。安易に価格をいじると、価値創造プロセスのどこかに歪みが出て、本来の価値が損なわれるおそれがあります。

MATOME

第2章

PORTER × KOTLER

周りを見て、世の中を見て、何か気づかんかね

［環境分析①］マクロ環境／ミクロ環境の分析

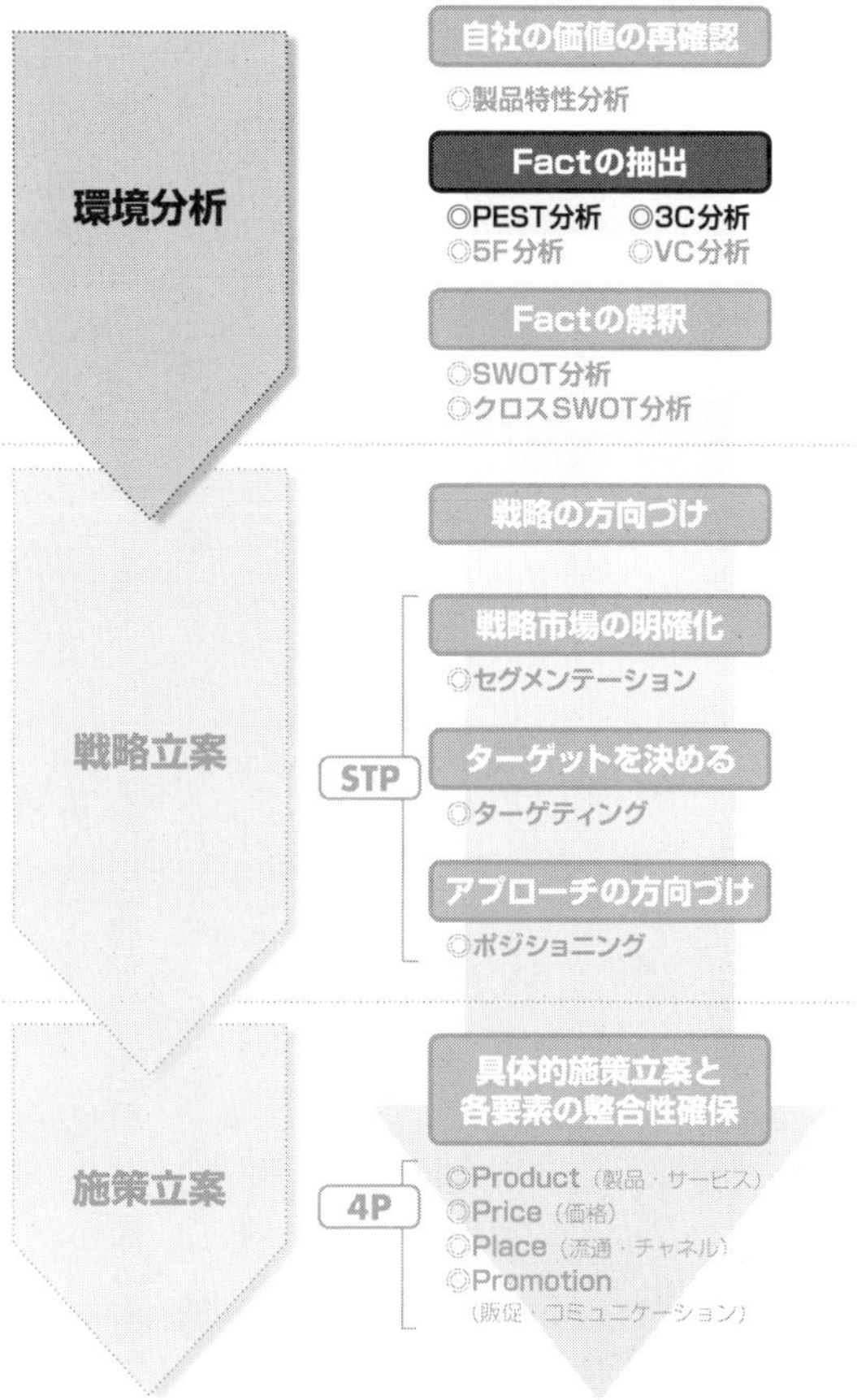

環境の変化が業績に影響を与える

売上減少の理由はどこにあるのか

マーケティングを一連の流れとして考えるとき、まず着目すべきは自社がビジネスを展開する環境についてです。環境の変化を常に注視することが必要です。

keyword
法改正

◆売上を直撃した法改正

G店の売上減には中核価値である接客サービスの低下が影響しているらしいことがわかってきました。そこで西村は竹森に相談します。売上が減った原因はサービス低下にあるようなので、ベテランスタッフのシフトを増やして、サービス向上にもう一度力を入れるようにするつもりだと。ところが竹森は、もっと状況を俯瞰的に見渡すよう諭しました。

「確かにサービスの低下が、一定の割合で客離れを引き起こしたことは間違いないだろう。しかし、売上減の主要因はサービス低下ではない。なぜ、常連客が店に来なくなったのか。最大の理由は法律の改正じゃないか。君は自分が酒を飲まないから気づかなかったのだろう」

そう指摘された西村は、ようやく売上減の理由に気づきます。2007年9月に道路交通法が改正されていたのです。主眼は飲酒運転に対する取り締まりと罰則の強化です。少し前に、泥酔したドライバーにより3人の子どもの命が一気に失われる事故が起こっていました。これを受けて飲酒運転撲滅の機運が盛り上がり、法改正につながったのです。

警察の威信をかけた法改正だけに、改正当初の取り締まりは極めて厳しいものとなりました。取り締まりの重点対象となったのはロードサイド立地の飲

道交法改正がG店に与えた影響

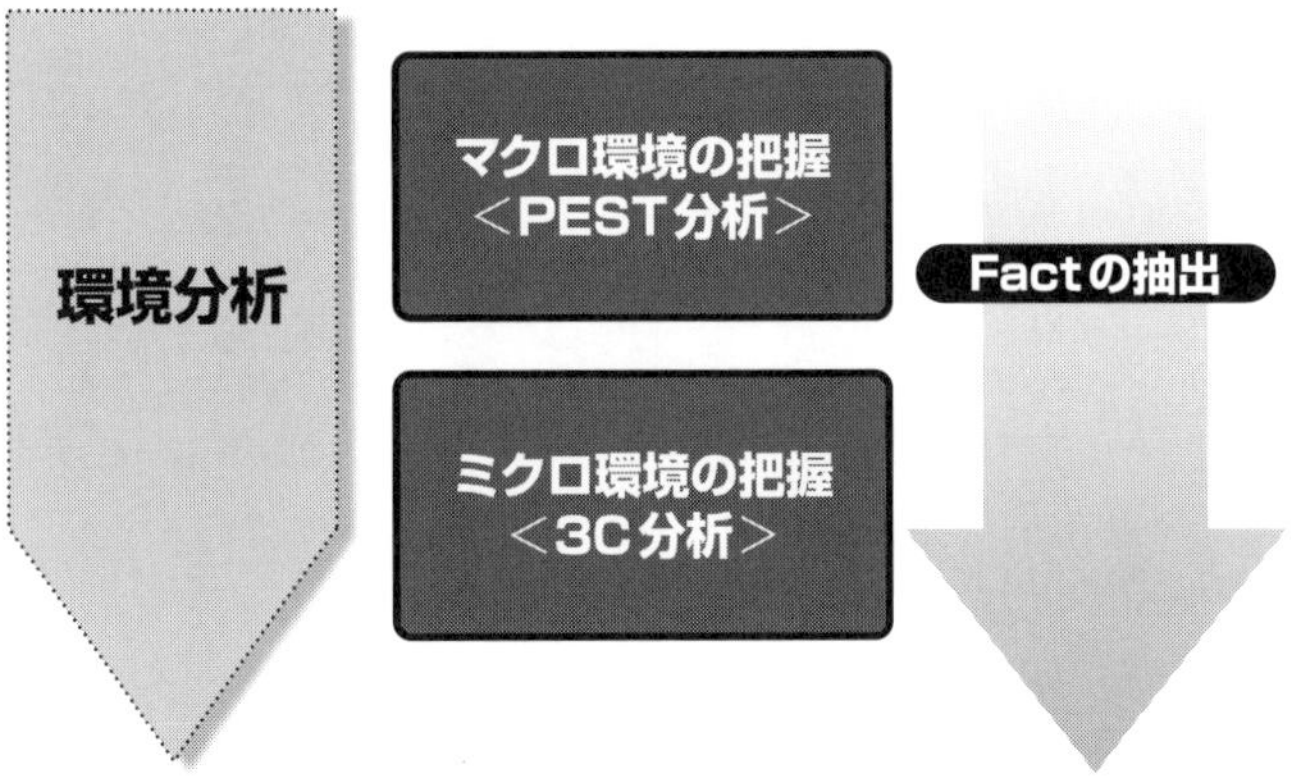

道路交通法改正のポイント

2007年（平成19年）9月19日、飲酒運転に対する罰則を強化した改正法が施行。
飲酒運転に対する罰則が引き上げられ、従来最高で 懲役3年・罰金50 万だったものが、懲役5年、罰金100万に引き上げられた。また飲酒への「車両の提供」「同乗行為」、運転者への「酒類の提供」、の禁止・罰則が新設された。

食店やゴルフ場などです。ゴルフ場の出口などでは見せしめ的な取り締まりが行われ、運転者はもちろん同乗者にまで高額の罰金が科せられました。

◆クルマ以外に来店手段がない

G店の立地はロードサイドです。商圏内に高級住宅地があるとはいえ、シニアが徒歩で店まで来ることはほぼ不可能。最寄りの私鉄駅からのバスはあるものの、住宅地から駅までは10分ほどかかります。主要顧客である富裕シニアがG店に来る手段は、マイカーを使わないのなら駅まで歩いてバスに乗るか、タクシーを呼ぶかのどちらかです。

道交法が改正される前でも、堂々とお酒を飲んで車で帰る客は圧倒的少数派でした。ただ、ビール一杯ぐらいならとか、お酒をほんの少しだけならと考える客はいたはずです。ところが、警察による取り締まりの徹底ぶりを目の当たりにすると「ちょっと一杯だけ」がもはや許されないことを、客は実感します。ゴルフ場のコンペ帰りの飲み会がなくなったのも、まったく同じ理由によるものです。

近隣の飲食店は、法改正にどう対応していたのでしょうか。手っ取り早いのが運転代行サービスです。これは飲んだお客さんに代わって、お客さんの車を運転して自宅まで送り届けるサービスです。このサービスを手がける業者と提携し、必要なときは電話で迎えに来てもらうしくみを整えました。客からすればこれまでは不要だったコストを追加負担することになりますが、飲酒運転をして高額の罰金を支払うことを思えばリーズナブルなサービスと納得もできます。

全日本交通安全協会が展開するハンドルキーパー運動に参加する飲食店も出てきました。そして飲まない人に対して、ソフトドリンクの無料サービスなどのインセンティブを提供し始めました。宴会需要の割合が多い店の中でも、高級店の中には、タクシー会社と契約してマイクロバスを運行するところもあります。自分自身が酒を飲まない西村は、こうした動きに気がつかなかったのです。

法改正と競争環境の変化

◎事例：ドラッグストア

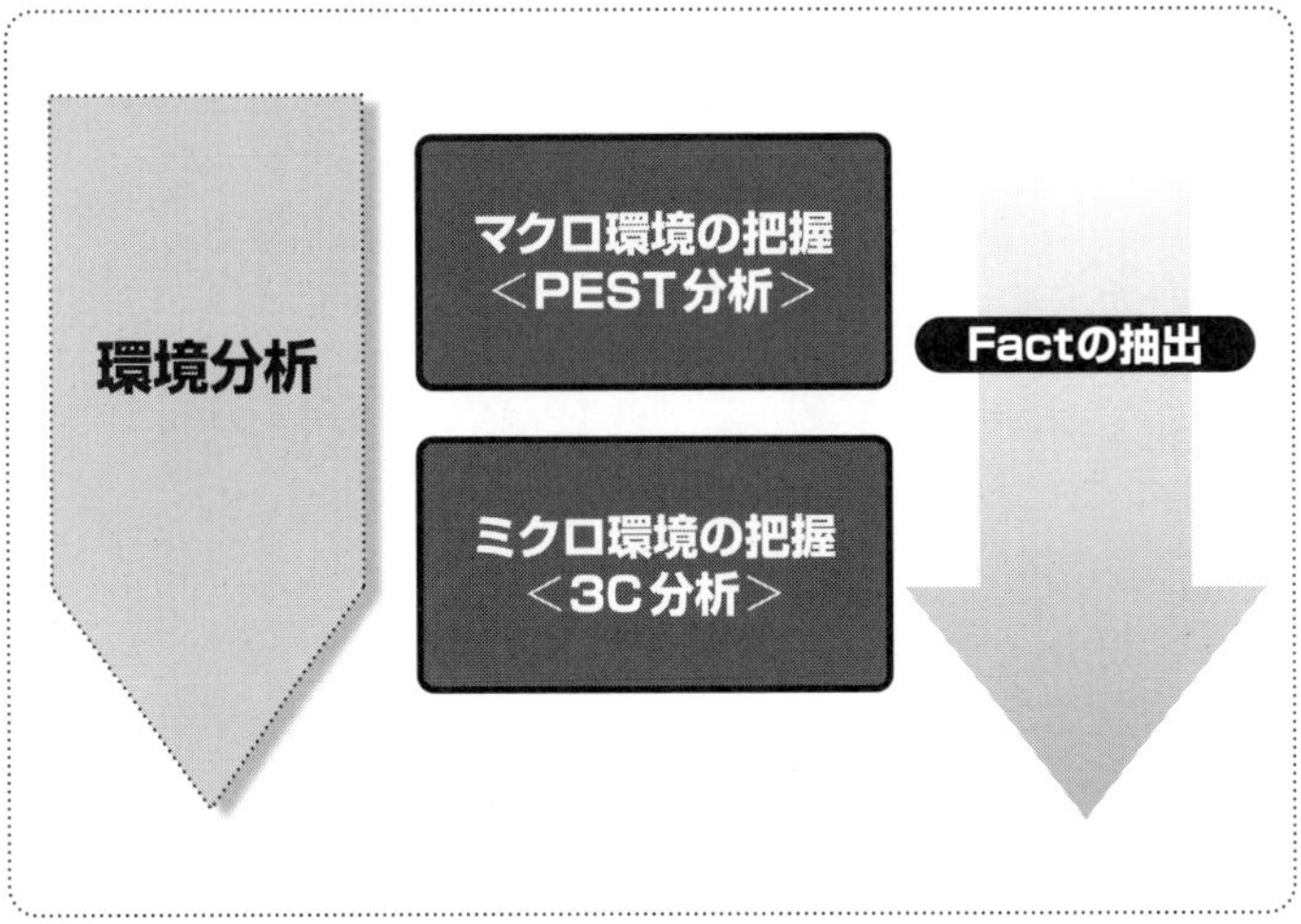

1990年代、調剤機能を持たない薬種商販売業者が
セルフサービスによる市販薬の販売を開始。

→ドラッグストア隆盛の時代

医薬品販売の規制緩和（2006年改正・2009年施行）
薬剤師の常駐が不要となり、大手流通の参入が相次ぐ

→ドラッグストアは激しい競争の時代へ突入

マクロ環境を把握するPEST分析①

マクロ環境を考える4つの視点

自社のビジネス環境をマクロ、ミクロの視点で捉えます。最初は自社のビジネスに影響を与える世の中全体の動きを考えます。

keyword
環境分析／マクロ環境／ミクロ環境／PEST

◆自社を取り巻く環境は

事業を展開する場合には、自社を取り巻く環境がどうなっているのかを把握しておくことが前提条件となります。マーケティングの一連の流れを考える上でも、起点となるのが環境分析です。

環境分析ではマクロ環境とミクロ環境に分けて見ることがポイントです。自社を取り巻く環境を見渡し、事実関係をモレなく抽出します。ここで大切なのは、考える順番を間違わないこと。手っ取り早く手をつけやすいのは身近なミクロ環境ですが、ここから始めると視野が近視眼的になってしまい思わぬ見落としをするリスクがあります。最初はできる限り視野を大きく広げてマクロ環境について考えます。

マクロ環境分析に使われるフレームワークが「PEST分析」です。Political（政治的要因）、Social（社会的要因）、Economical（経済的要因）、Technological（技術的要因）の4つの視点から、自社のビジネスに影響を与えそうな世の中の動きを捉えます。

だからといって、世の中の動きをすべて捉えるのは不可能であり、情報収集に労力をかけすぎるのは非効率でもあります。情報収集そのものが目的化しないよう気をつけて、あくまでも自社のビジネスに関する情報にアンテナを立てておくよう心がけま

PEST分析の4つの視点①

Political

◎金融商品取引法の改正強化
◎貸金業法の改正強化
◎建築基準法の改正強化
◎薬事法の規制緩和　など

Economical

◎2008年秋からの米国発の経済危機
など

Social

◎少子高齢化の進行
◎失業率の向上
など

Technological

◎PC／インターネットの普及
◎電子マネーの普及
など

す。具体的には複数の新聞を読み、気になるテーマについて特集が組まれている雑誌を入手するぐらいで充分でしょう。優れた経営者が力を入れているのは、情報を無闇にたくさん集めることではなく、手に入れた情報の意味を考えること。世の中の動きが自社にどのような影響を与えるのかをじっくりと考え、その動きがプラスになるのか、マイナスになるのかを見極めることです。

◆決定的な影響を与える法改正

PESTの中でもPolitical、すなわち法改正など政治的な規制事項は、規制にかかわるビジネスに決定的な影響を与えたり、全体的にも劇的な変化をもたらすことが多々あります。

飲酒運転の取り締まりと罰則強化は、特に地方の居酒屋業界に致命的ともいえるダメージを与えました。公共交通機関の発達していないエリアで外食しようと思えば、たいていは車で出かけることになります。道交法改正では、飲酒運転をしたドライバーは言うまでもなく、同乗者に加えて、ドライバーにアルコールを提供した店に対しても、厳罰が下されることになりました。これでは店も怖くて、うかつにはアルコール提供をできなくなります。実際、ある飲食店チェーンでは、アルコール類を注文する客に必ず「お車などの運転は大丈夫ですか」といった声かけをするようになりました。

　同じく道交法関連では、駐車違反の取締強化も外食産業にダメージを与えました。この取締強化で影響を受けたのは、道路沿いの飲食店です。取り締まりが厳しくなったことが、お昼どきなどにちょっと車を路上駐車してラーメンや牛丼などをかき込んでいた外回りの営業マンを、お店から遠ざけてしまったのです。

　法改正では他にも、貸金業法の改正により消費者金融の零細業者が軒並み廃業に追い込まれたり、薬事法改正により特定の薬については薬剤師の常駐が不要になった結果コンビニが薬の販売に参入しています。法改正は競争環境を大きく変えるのです。近々予定されている消費税率の引き上げが確定すれば、消費動向に大きな影響を与えるでしょう。

　このように政治的要因は、事業に甚大な影響を与えることがあるため、法改正などの動きは常に早めにチェックしておくことが必要です。

◆ピンチとチャンスが交錯する経済的要因

Economical＝経済的要因は同じ出来事が、業種・業態によりプラスに働く場合とマイナスに働く場合があることに注意します。単純な例をあげれば、円高は輸出産業にとっては海外での価格競争を不利にしますが、輸入産業にとっては購買力が高まるため利益の押し上げ要因となります。

　2008年秋に起こったリーマンショックも、一時的には世界経済全体に悪影響を与えましたが、同時に各国政府が積極的な財政出動を行ったため、中国やインドなどは国内景気が好調に推移しました。これら新興国を相手にビジネスを展開する企業にとっては、プラス要因となった可能性があります。

PEST分析の例［タクシー業界］

Political

2002年2月1日に道路運送法・タクシー業務適正化臨時措置法の一部が改正施行され、事業はこれまでの免許制から許可制とし、事業者の車両数増減も届出のみで自由に可能になった（いわゆる「タクシー規制緩和」）

→ 増車が相次ぐ状態

Economical

日銀による2000年のゼロ金利政策解除や2001年の国債30兆円枠による緊縮財政などの経済政策の失敗により、デフレ不況がさらに激しくなった。

→ 不況で失業者が増大 → タクシー利用抑制

Social

2002年の国内総生産：3兆6,510億ドル
2002年の経済成長率：2001年比 1.1%成長
2002年の完全失業率：年平均5.4%

→ タクシー業界が失業者の受け皿に

Technical

GPS・カーナビの低価格化が進んでいる

→ カーナビの普及期

「誰でも簡単に運転手に」応募者確保の容易さで、より増車に拍車がかかる。タクシー余りが起きる結果に

マクロ環境を把握するPEST分析②

消費を直撃する人口動態に注意

マクロ環境の中でも、日本の場合は少子高齢化がキーワード。総人口が減り続ける意味を、十分に理解しておく必要があります。

keyword
人口動態／少子高齢化

◆社会状況の確定した未来

PESTのSocial＝社会的要因を考えるためには、まず大まかな人口動態を頭に入れておくことが必須です。なぜなら人口に関しては、ほぼ確定した未来予想図を描くことができるからです。たとえば20年後の新成人の数は、今年生まれた新生児の数とほぼ同じになるはずです。あるいは定年を65歳とするなら、20年後の定年退職者の数は、現在の45歳の就労人口数から予測することが可能です。

日本の少子高齢化は世界の最先端を走っています。2020年の日本は、65歳以上人口が30％以上の超高齢社会となることが確定しているのです。20年以上前に18歳人口の減少を見越していた金沢工業大学は、いち早く将来予測に基づいた戦略を定めて思い切った改革を実行しました。ブランディング戦略や企業とのパイプ作りによる就職先の確保などに努めた結果、今では地方の名門校として人気を集めることに成功しています（122ページ参照）。

これからの企業では「ゆとり世代」の問題を考えておく必要があります。彼らが就職適齢期に差しかかってきており、新入社員として受け入れ始めた企業には戸惑うところもあります。どのような社会環境、教育制度の中で育った若者が、いつ社会に出てくるのかも、予めわかっていること。早めの対策は

PEST分析の4つの視点②

Political

◎金融商品取引法の改正強化
◎貸金業法の改正強化
◎建築基準法の改正強化
◎薬事法の規制緩和　　など

Economical

◎2008年秋からの米国発の経済危機
など

Social

◎少子高齢化の進行
◎失業率の向上
など

Technological

◎PC／インターネットの普及
◎電子マネーの普及
など

立てようと思えば立てられるのです。

◆これからの日本では人口動態に注意

少子高齢化は、これからの日本を考えるときに必ずついて回るキーワードです。国内でビジネスを展開する企業にとっては、消費人口の減少が及ぼす影響をあらゆる側面から考えておく必要があります。

　外食産業であれば、胃袋の数が減れば、その分だけ業界全体の売上も必ず減ります。平成に入ってからの推移を見ても、日本の年間出生者数は平成元年の124万6000人から、平成21年の106万9000人まで減りました。単純に言えば、それだけ胃袋の総数が減ったわけです。しかも人口が減り続けていることは、将来母親となる人の数が減り続けていることをも意味します。出生率を今後、奇跡的に2まで戻せたとしても、日本の人口が減り続けることは確定した未来なのです。

　一方では確実に市場規模が広がる年代層も存在します。65歳以上の高齢者です。彼らをターゲットとする新たなビジネスモデルの開発は、国内でビジネスを展開するあらゆる企業にとっての課題です。

世界最速で高齢化する日本のすぐ後ろには、韓国や台湾に中国が続いています。超高齢社会・日本で成功するビジネスモデルは、その後に続くアジアの巨大高齢者マーケットでも成功する可能性が高いはず。環境分析では、このように常に10年、20年先を読む視点が何より求められるのです。

◆世の中を一気に変える革新的な技術

Technological＝技術的要因はＰＥＳＴの４つの中で、最も短期間かつ劇的な影響を、競争環境に及ぼす可能性があります。

インターネットが全世界に与えた影響は今さら言うまでもありませんが、たとえばアマゾン以前とアマゾン以後の世界の変わりようは、一度考えておくべきでしょう。いまや27もの商品カテゴリーを扱うアマゾンでは、買えないモノのほうが少数派です。しかもアマゾンで注文すれば、最短ならその日のうちに届くことが、消費者にとっての常識となりつつあります。何かを買うときには、まずアマゾンで検索する消費者が、この先どれぐらい増えるのか。小売業に携わる人たちは、自社とアマゾンの比較を考えてみるべきです。ネット通販は、これからも流通業のあり方を大きく変えていくでしょうし、そのスタンダードがアマゾンであることを理解しておく必要があります。

あるいは革新的な新技術が、特定の業界を滅ぼすこともあります。カメラのデジタル化により、ＤＰＥ店すなわちフィルム現像業は、ほぼ駆逐されてしまいました。

今後の注目株は電気自動車です。現時点で普及のネックとなっているバッテリー容量を劇的に改善する技術が開発されれば、どうなるか。電気自動車は「自動車」ではなく「家電」であるとか「ＩＴ機器」という見方もあるのです。電気自動車への転換が進めば、すそ野の広い自動車業界とその関連業界を根底から覆してしまう可能性があります。

国内の年齢別人口構成比

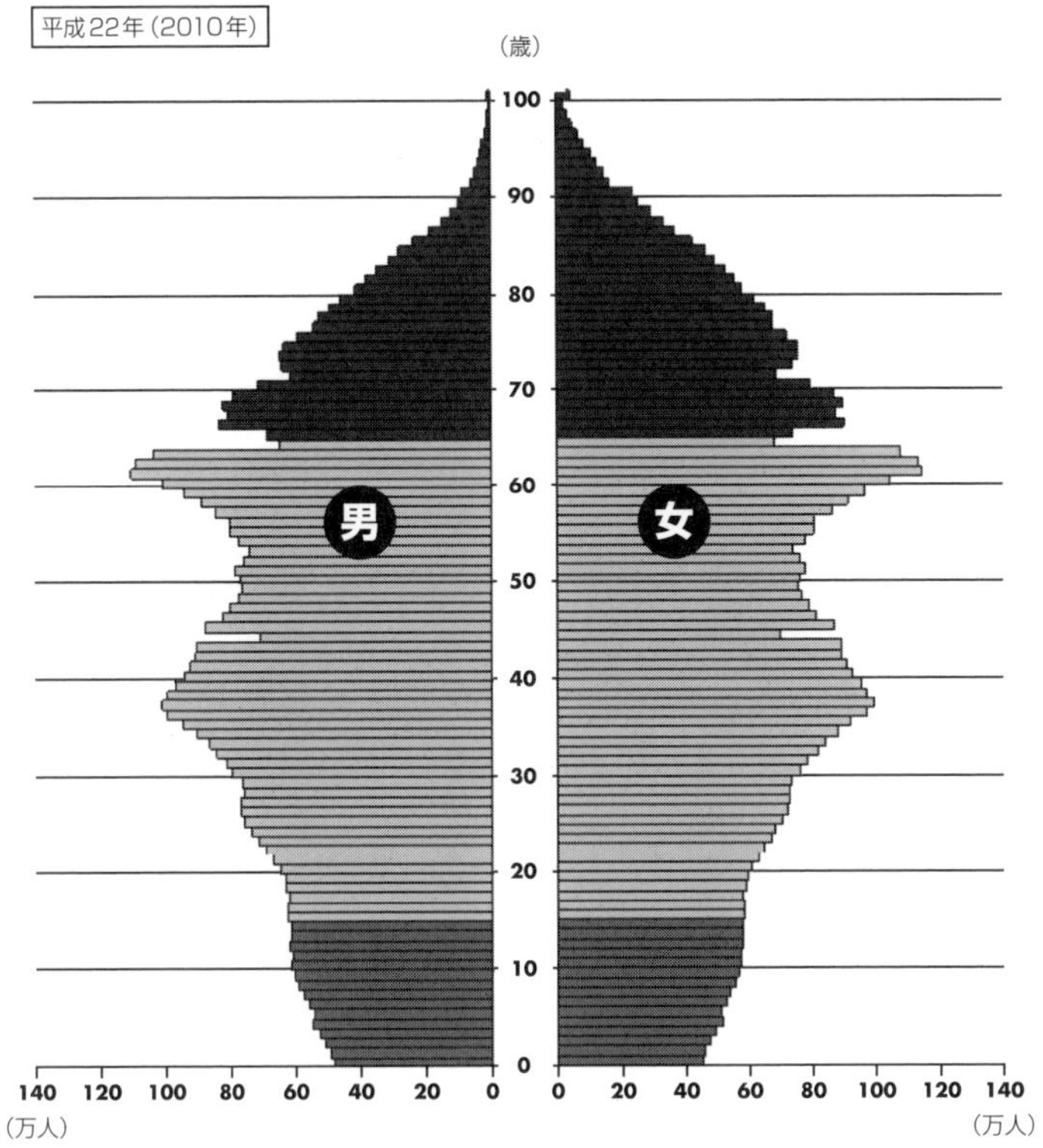

※総務省ホームページ（2010年国勢調査より）
http://www.stat.go.jp/data/kokusei/2010/kouhou/useful/u01_z19.htm

ミクロ環境を把握する３Ｃ分析

顧客／市場、競合、自社の関係を理解する

「敵を知り、己を知れば百戦危うからず」２５００年前に孫子が説いた兵法は、現代でビジネスを展開する上でも、重要です。

keyword
ミクロ環境分析／３Ｃ分析

◆身近なところを考えるミクロ環境分析

　マクロ環境分析で世の中の構造や大きな流れを把握した後は、ミクロ環境分析に進みます。自社を取り巻く最も身近な環境、すなわち顧客と競合と自社の関係を分析します。Customer＝顧客／市場、Competitor＝競合、Company＝自社の頭文字を取り、３Ｃ分析と呼ばれます。

　３Ｃ分析も、分析を行う順序に注意します。わかりやすいのは自社だからと、自社分析から始めるケースがよく見受けられますが、これは順番が逆です。まず顧客と市場の流れをしっかりとつかみ、その流れに対する競合企業の動きを把握した上で、自社が置かれている状況とこれまでの施策を検証します。

　市場環境の分析はモレなくダブリなく行うことが重要です。

　具体的にはＰＥＳＴ分析の４つの切り口を使うとうまくいきます。自社の顧客や市場に影響を与えそうな要因をＰＥＳＴの４つの切り口から見て、思いつく限りリストアップし、その後精査していきます。同時に顧客ニーズの変化を見ておくことも重要なポイントです。

◆競合の動きと自社の比較

競合分析については、まず競合が誰なのかを明確

ミクロ環境分析は3C分析で

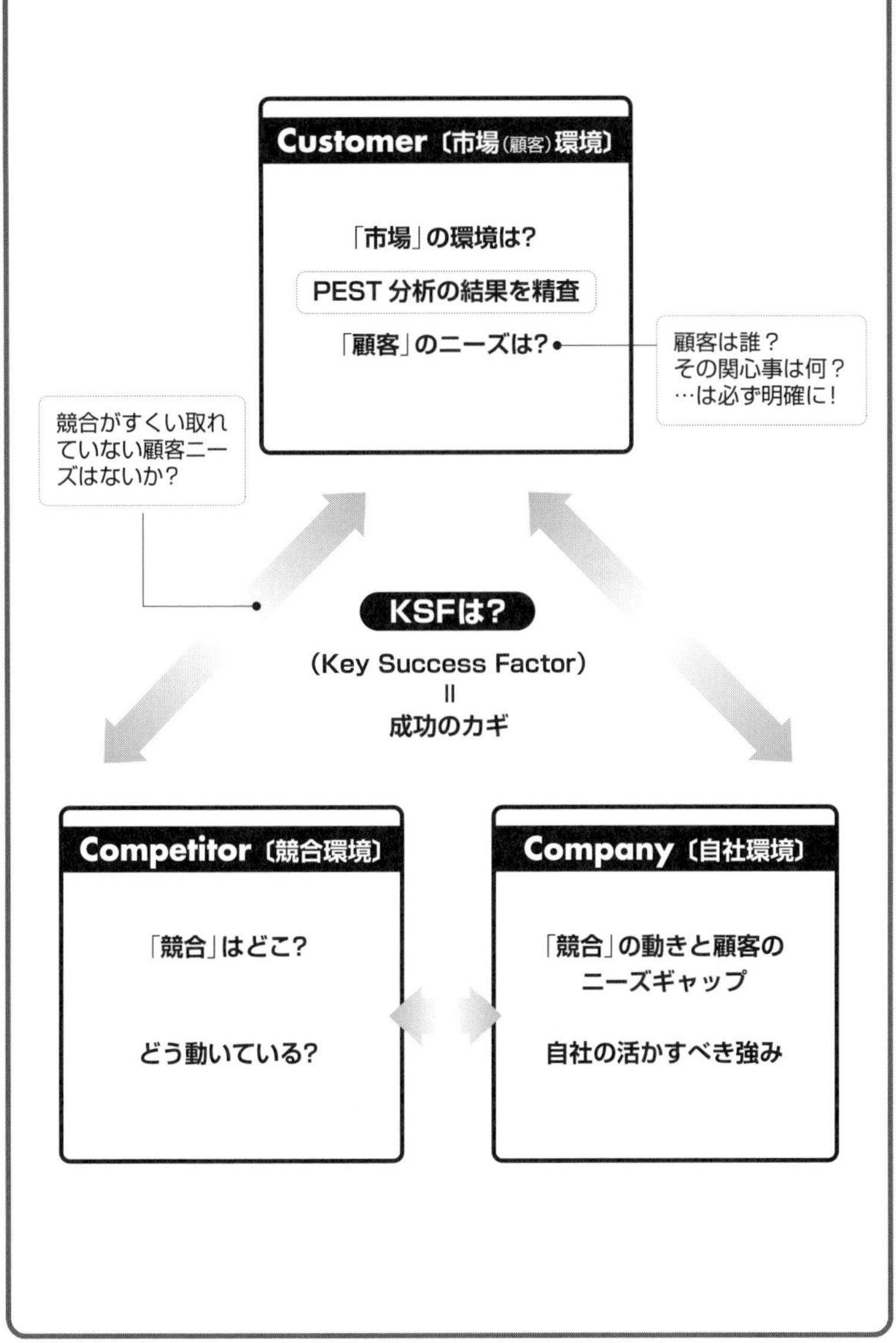

Customer〔市場(顧客)環境〕
「市場」の環境は?
PEST分析の結果を精査
「顧客」のニーズは?
顧客は誰？
その関心事は何？
…は必ず明確に！
競合がすくい取れていない顧客ニーズはないか？
KSFは?
(Key Success Factor)
=
成功のカギ
Competitor〔競合環境〕
「競合」はどこ?
どう動いている?
Company〔自社環境〕
「競合」の動きと顧客のニーズギャップ
自社の活かすべき強み

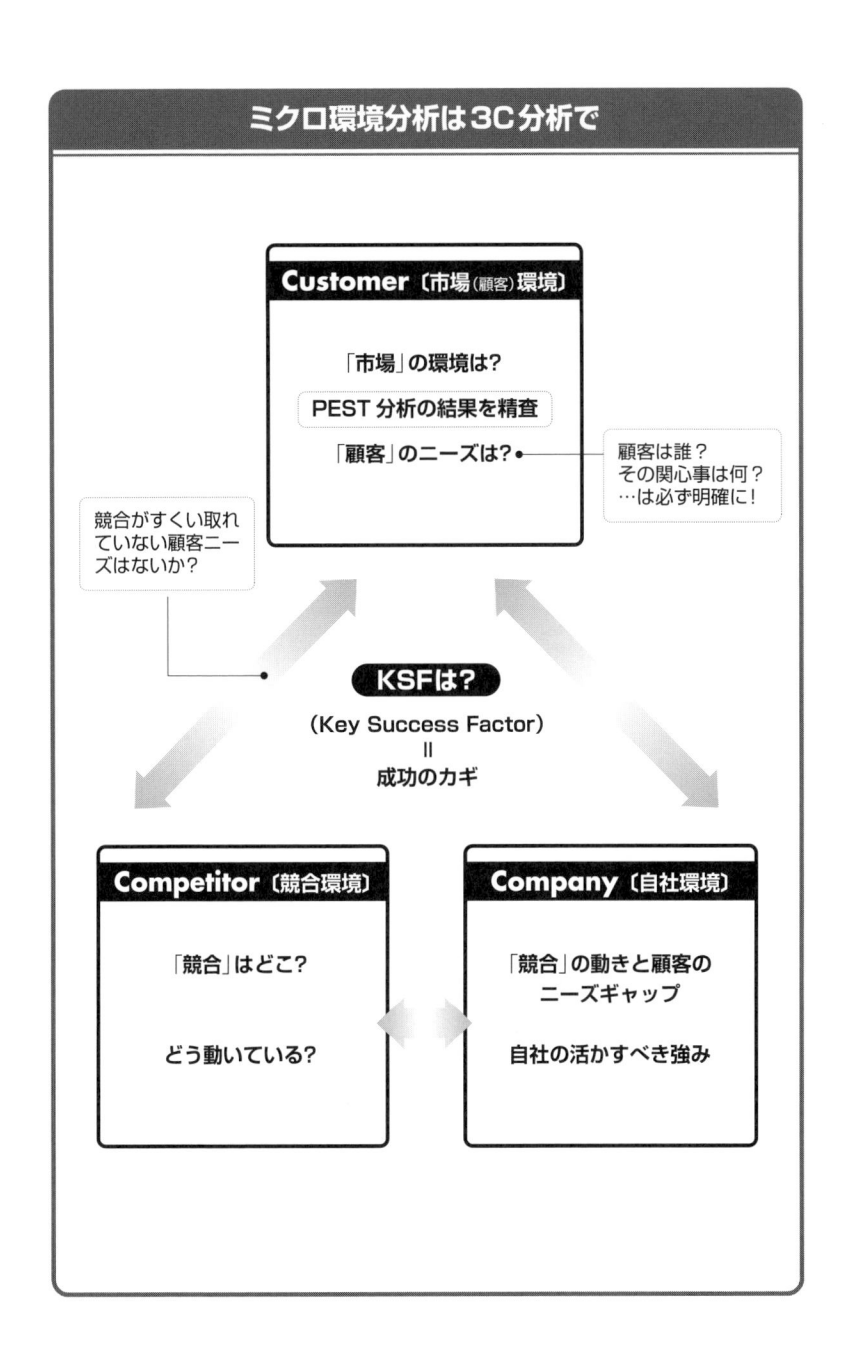

に定義することが大前提となります。その場合も起点となるのは顧客です。

G店の場合なら近隣にはファストフード店や低価格を売り物にする居酒屋チェーン、客単価が近い焼肉店などがありました。しかし、少なくとも現時点に限れば、これらの店は競合とはなり得ません。なぜなら対象とする顧客が明らかに異なるからです。

競合とは、自社と同じ顧客を狙っている相手のことです。競合を特定し、競合にはどのような強み／弱みがあるのか、競合は顧客に対してどうアプローチをかけているのかを見ることが重要です。

3C分析の仕上げが自社の見直しです。市場環境の変化に自社はどう対応しているのか、顧客ニーズと自社が提供している価値にズレは出ていないか、同じターゲットに対する競合と自社のアプローチはどこが違うのか、競合が取り込めていないターゲットで自社の顧客となりうる層はないか―こうした視点に基づいて自社の現状を再チェックし、将来像を描き直していくのです。

◆G店・西村が見過ごしていた地殻変動

西村が改めて3C分析に取り組んだところ、意外な変化を見つけることができました。まず商圏内人口の構成が変わりつつあったのです。高級住宅地に暮らす富裕層シニアの中には、高齢化に伴って利便性の高い都心部のマンションへと移る人たちが増えていました。彼らが引っ越した後には、その息子・娘世代が子どもを連れて移り住んできていました。

一方でこの住宅地からの移動時間がG店と同じくらいでありながら、まったく方向が逆のエリアに大規模なショッピングモールができています。このモールの運営事業者は商圏内の住宅地に「お買い物バス」を出すなど積極的な集客策を展開しています。そしてモール内の飲食店には、和風イタリアンなど、G店と同じターゲットを狙う店が数軒出店していたのです。G店は道交法改正の直撃を受け、誤った施策転換による接客サービスの低下により顧客離れを招き、さらには気づかぬうちに出現した競合により顧客を奪われていたのです。

3C分析の事例［スターバックス］

※1996年、日本のカフェ市場進出時点における分析

Customer〔市場（顧客）環境〕

喫煙可・単価の高い「喫茶店」の衰退傾向。
セルフサービスカフェが急増。主に喫煙者や男性が短時間の休憩用に利用。

非喫煙者・女性・若年層が気軽に入れるカフェがない！

そこそこの価格で、美味しいコーヒーが飲めてゆったりくつろげる店が欲しい！

KSFは？

コーヒーの味とゆとりの空間を
程よい価格で提供すること

Competitor〔競合環境〕

セルフサービスカフェは200円以下の価格。
メニューはブレンドコーヒーと1～2種類の果汁ジュース程度のみ。
座席は狭く、客の回転が早い。

Company〔自社環境〕

最高級コーヒー豆の使用と品質の徹底管理。豊富なメニューがある。
ファッショナブルな店内の雰囲気を作れる。
マニュアルによるスタッフの高レベルな対応が可能。

事例2

ドラッグストアが青果を売る、その理由は？ 事業環境の変化の中で生き残るために必要な戦略

薬事法改正により業績を伸ばしてきたドラッグストア業界が、再度の薬事法改正により厳しい状況に。これまで競合関係になかったスーパーマーケットが薬を扱えるようになり、新たなライバルとなった。こうした環境変化への対応策としてドラッグストアは青果を扱い始めた。

POINT ・・・PEST分析

1 事業環境の変化をとらえるために、常にアンテナを張り巡らすことが必要。

2 [環境分析]→[戦略立案]→[施策立案]というマーケティングプロセスを踏み、環境変化に対応する。

事業環境の変化をキャッチする

「マーケティングの流れ」を考えるとき、最初にやるべきは環境分析だ。自社がビジネスを展開する事業環境がどうなっているのか。ここをきちんと押さえないと成功はない。

また、いったん成功しても安心していてはいけない。環境

は常に変化している。環境変化に対応できなければ、生き残ることはできないのだ。

　環境変化はいわゆるＰＥＳＴ分析によって知ることができるが、なかでも最も早くから確実に変化を読めるのがPolitical、つまり法改正や規制などの政治的要因によるものだ。なぜなら、たとえば法律の改正には、まず改正を促すための何らかの理由（社会的な変化や事件など）があり、これを受けて現状の法律についての検討が行われる。その後、国会などに諮られた後、法律改正が成立するが、その施行までには一定の猶予期間が設けられる。したがって、新聞などの報道をこまめにチェックし、法改正や新たな規制が検討され始めたことを知れば、数年先の状況はある程度読めるのだ。その典型的な事例がドラッグストア業界の変遷に見られる。ドラッグストアに直接関係する法律は薬事法だ。そのため薬事法が改正されると、ドラッグストアの事業環境に大きな影響を与える。改正が有利に働く場合もあれば、不利になるケースもある。

薬事法改正がドラッグストアに与えた影響

　２００７年に改正され２００９年から施行された改正法は、マツモトキヨシなどの大型ドラッグストアにマイナスの影響を与えると考えられた。なぜなら法改正のポイントが、薬剤師の常駐規制が大幅に緩和されることにあったからだ。以前は大衆薬の販売にも最低１名の薬剤師の常駐が必要とされたが、くだんの法改正で、ある種の大衆薬の販売に際して薬剤師が不要となった。

となると何が起こるか。例えばスーパーマーケットでも大衆薬を扱えるようになる。法改正によりドラッグストアは競争環境が大幅に激化することが予想された。法に守られていた自らのビジネス環境が根底から覆るのだ。

もとをただせば、ドラッグストアという業態自体が、以前の法改正によって出現している。つまり薬の販売に際しては薬剤師による対面販売が原則だったが、改正により客が自分で選んで買うことができるようになった。その結果、事業を展開する上での制約条件だった薬剤師（の数）から解放された薬局・薬店は大規模化の道を進むことができた。これがドラッグストアという業態の登場につながっている。

しかもドラッグストアでは、大衆薬の平均粗利率が35％もある。ここで稼いだ利益をもとに、食品や日用品で特価販売をしかけることで、スーパーから客を奪うことに成功したのだ。ところが再度の法改正により、今度はスーパーが、ドラッグストアの事業領域に参入可能となる。販売に際して薬剤師が不要となる薬をスーパーが扱うようになれば、ドラッグストアのそれまでの強みが失われることになる。

法律改正により生まれた業態が、再度の法律改正によって厳しい試練にさらされているのだ。こうした環境の変化にドラッグストアはどう対応しようとしているのだろうか。

ドラッグストアの中には青果を販売するところが出てきた。マツモトキヨシ傘下、都内で約130店舗を展開する中堅ドラッグストア「ぱぱす」は、トマト、トウモロコシ、バナナなどを店舗の入り口に並べている。その様相はドラッグストアというよりも、都会のオシャレな八百屋である。

なぜドラッグストアが青果を扱うのか。狙いは集客にある。従って価格戦略は「ロスリーダープライシング（集客などのための赤字覚悟の価格設定）」を採ることになる。たとえばイチゴを近隣にある高級スーパーの半額で売り出す。しかも青果商品はあくまで集客用だから、フルラインで揃える必要はない。客引きのための商品と割り切り、有利に仕入れることのできるアイテムだけに絞り込んで、圧倒的な価格差で集客に繋げるのだ。

ただしドラッグストアが青果を扱う場合は、新たなリスクも覚悟しなければならない。なぜならドラッグストアの他の商品と異なり、青果には必ず廃棄リスクがつきまとうからだ。鮮度管理をおろそかにして鮮度の落ちた青果を販売すれば、狙いとは逆に顧客離れを引き起こすことも考えられる。

もとよりドラッグストアの最終的なゴールはスーパーマーケットになることではない。とはいえ法改正という大きな環境変化により、スーパーがドラッグ業界に参入してきた。新たな環境に対応するためにドラッグストアは青果を扱う。

ビジネスは常に環境の影響を受ける。環境の変化に対応して生き残っていくためには、常にアンテナを張り巡らし、変化にいち早く対応することが必要だ。

第2章のまとめ

1 売上が落ちた。その原因がどこにあるのか、風が吹けば桶屋が儲かる方式で考え、物事の因果関係を辿る思考パターンを身につけましょう。

2 毎朝、新聞を読むときに心がけたいこと。それは、そのニュースは、自社ビジネスの追い風か、それとも逆風かを意識すること。これで情報感度が変わってきます。

3 あらゆるビジネスにおいて、確定した未来すなわち年齢別人口推移を計算に入れるようにします。ビジネスは最低でも10年ぐらいのスパンで考えましょう。

4 お客様の変化にアンテナを張りましょう。お客様のニーズは、どんな要因で変化する可能性があるのか。常に意識しておきましょう。

MATOME

第3章

PORTER × KOTLER

今のままではダメだろう。どこにチャンスがあるのかね

[環境分析②]ポーターの理論と、5F・VC・SWOTの各分析の使いこなし方

今、目の前にある問題を解決し、将来に備える

問題解決のためのマーケティング

マーケティングというのは、決して商品開発や広告のためだけに使うものではありません。現在、直面している問題の解決にこそ使える考え方なのです。

keyword
3つの基本戦略／5つの力（5F）分析／バリューチェーン（VC）分析／SWOT分析

◆時間経過により変わる事業環境

西村は、G店を取り巻く状況について自分なりに分析してレポートにまとめ、竹森に見せました。

PEST分析から浮かび上がってきた重要点は、道交法改正による飲酒運転の取締強化です。売上減の直接的な原因は、ここにありました。3C分析の結果、商圏内の人口構成が変わってきていること、G店とは異なるエリアに思いもよらぬ競合が出現していることなども見えてきました。

G店がオープンしてから、すでに10年が経ち、西村が担当してからでも5年の月日が流れています。近隣の飲食店の変化には気づいていましたが、商圏内の人口変化や別エリアに競合ができていることなどは、今回初めてわかりました。環境の変化に対応する必要性を痛感した西村は、思いつく限りの対応策を考えて竹森に相談してみたのです。

◆競争環境の変化を理解する

西村の対応策を見た竹森は、まだまだ考えが浅いと指摘します。環境の変化にただ対応するだけでは、現時点で顕在化している問題点の解消にしかなりません。それでは目の前の問題には対処できても、これから先に予想される事態に対してはなんの策も打てないことになり、また何か問題が起こったときに、

環境分析のフレームワーク

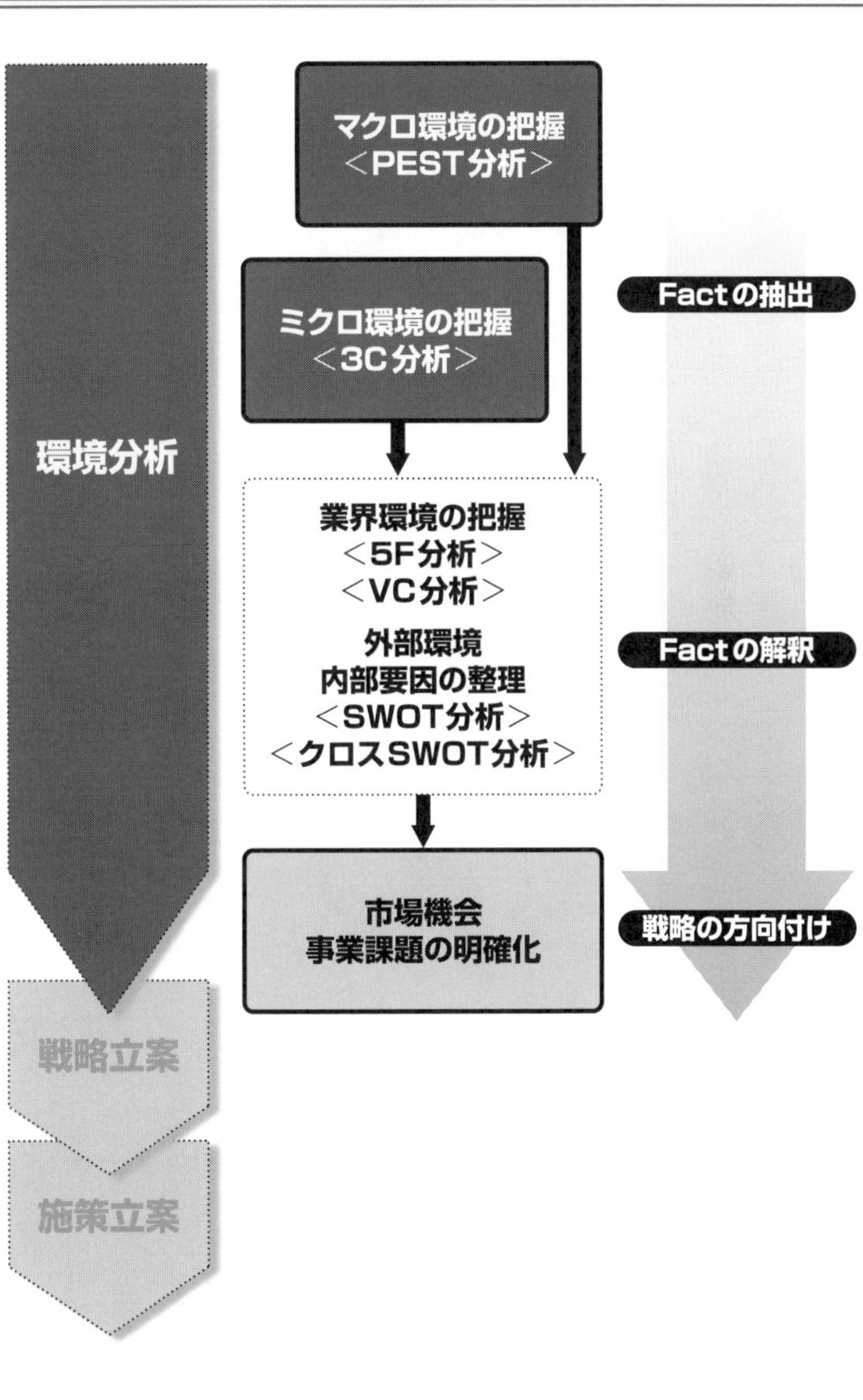

環境分析
戦略立案
施策立案
マクロ環境の把握
＜PEST分析＞
ミクロ環境の把握
＜3C分析＞
業界環境の把握
＜5F分析＞
＜VC分析＞
外部環境
内部要因の整理
＜SWOT分析＞
＜クロスSWOT分析＞
市場機会
事業課題の明確化
Factの抽出
Factの解釈
戦略の方向付け

事後的に対応することしかできないのです。

もちろん、未来を完璧に読み切ることは不可能です。とはいえ、少なくとも近未来の状況について、いくつかのシナリオを立てることぐらいは可能です。では、どうやって競争環境の変化を読んでいけばいいのか。竹森はいくつかのフレームワークを西村に示しました。序章で説明したマイケル・E・ポーターが提唱した「3つの基本戦略」に加えて、新たに「5つの力（5F）分析の手法」「バリューチェーン（VC）分析」、さらには各種の分析をまとめるツールとして使い勝手のよいSWOT分析です。

◆常に先を読んで動いて検証すること

西村も学生時代にマーケティングを少しかじっていたので、これらの分析ツールについてまったく知らないわけではありません。しかし、細かい分析などはあくまでも学問的研究のためにやるもので、まさかそれが実践に役立つなどとは考えたこともありませんでした。

「過去を分析するだけならＭＢＡのお勉強にはなるかもしれないが、企業経営にはなんの役にも立たないじゃないか。大切なのは、先を読んで戦略を考え、具体的な施策に落とし込むこと。そして予想と実績の違いを検証しながら、また先を読む。このサイクルを回し続けることが、企業経営のすべてといってもいい。ＰＤＣＡといえば、君にもわかるだろう」と竹森は指摘しました。

マーケティングといえば、商品開発や広告といったイメージを抱いていた西村は、この竹森の言葉に目を開かれる思いがしました。マーケティングは何か新しい動きを起こすときに役立つのはもちろん、まさに今、目の前で起こっている問題を、その原因から解きほぐし解決策を導き出すためにも使えるのです。しっかりと考えたマーケティングプランに基づいてなんらかの施策を打てば、仮に成果が出なかった場合でも、どこに原因があるのかを探り当てることができる。改めて西村は、竹森が示したフレームワークを使い、環境分析を深めることにしました。

各フレームワークの分析範囲

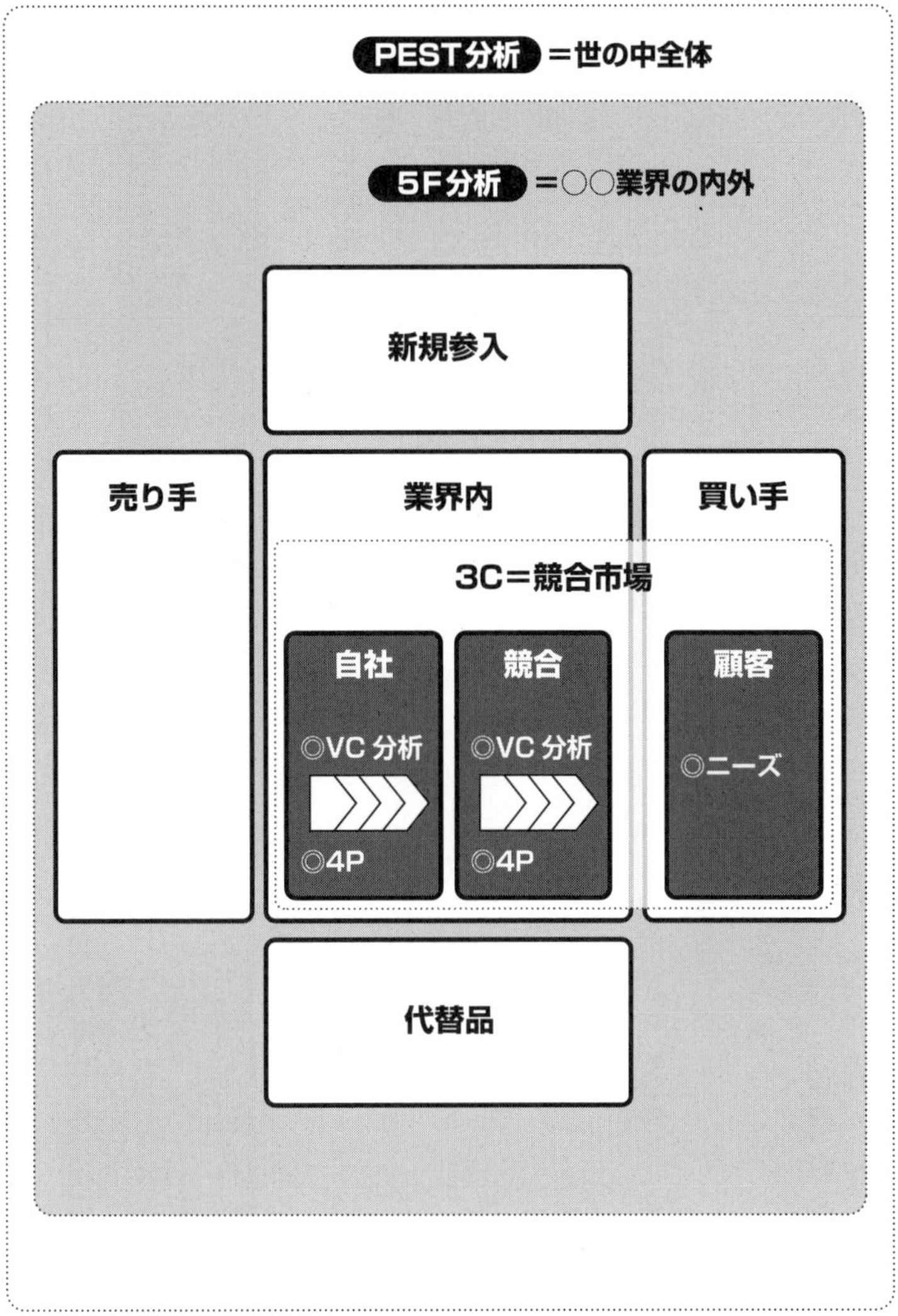

5つの力分析で競争環境を考える

業界内の環境を俯瞰的に分析する

自社を中心として、属する業界内に働く力を5つの競争要因から分析します。

keyword
5つの力（5F）分析／業界内の競争／売り手の交渉力／買い手の交渉力／新規参入の脅威／代替品の脅威

◆業界の動きを5つの力で考える

ビジネスは常に競争環境の中で行われており、そこにはさまざまな力関係が働いています。自社を取り巻く環境にはどのような力が働いているのか。自社の属する業界に働く5つの競争要因から、業界の構造分析を行うのがマイケル・E・ポーターがその名著『競争の戦略』で紹介した「5つの力（5F）分析」。ポーターによれば5つの競争要因は次のとおりです。

業界内の競争
同じ業界内の競合企業との力関係と競争の激しさ。

売り手の交渉力
商品を作る原材料を供給してくれる企業が、どの程度、供給価格に変化をつけてくるか。

買い手の交渉力
自社商品を購入してくれる顧客が、どの程度スイッチングの可能性を持っているか。

新規参入の脅威
現時点では競合関係にない企業が、突如として競争に参入してくる可能性。

代替品の脅威
自社が提供している商品より魅力的な商品が開発され、代替されてしまう可能性。

この5つの競争要因に注目して、自社が置かれて

5つの力（5F）分析

新規参入の脅威

現在の競合企業以外が参入してくる脅威はどの程度あるのか

◎技術的参入障壁が低く、大資本の投入で克服できるような業種では脅威は高い。
◎投資に見合う魅力が乏しい、技術的参入障壁が高いなどの場合は低い。

売り手の交渉力

売り手の交渉力はどの程度強いのか

◎売り手業界で同業が乱立しており、複数の仕入れ先から購入している場合などは、交渉力は弱い。
◎逆に寡占・大手の売り手なら強い。

業界内の競争

すでに競争を繰り広げている競合企業との戦いがどの程度激しいのか。また、競争関係の中で自社はどのような立ち位置を取っているのか。

買い手の交渉力

買い手の交渉力はどの程度強いのか

◎ブランドスイッチはどの程度容易なのか。
◎特定の企業からしか供給されないような商品であれば、買い手の交渉力は弱い。
◎逆に、他社からもいくらでも購入できるようなら強い。

代替品の脅威

代替品が登場してくる脅威はどの程度あるのか

◎こちらの業界の製品について、技術錬成度の高いもの、新規に登場して間がないものであれば、代替品の脅威は概して低い。
◎逆に開発が容易であったり、枯れた技術であれば脅威は高い。

いる環境を考えていきます。この場合、重要なのは自社が属しているのが、どのような業界なのかを明確に意識することです。

◆G店に働く5つの力を分析

では、G店についての5つの力分析はどうなるでしょうか。

まず業界内の競争については、商圏内に競合店はないと西村は考えていました。ところがリサーチの結果、別のエリアに同じ商圏を狙う強力な競合店ができていました。しかも競合は、送迎サービスまで用意しており、現時点ではG店のほうが不利な状況にあります。

売り手の交渉力に関しては、食材をはじめとする材料はすべてチェーン本部が一括購入しているため、G店単独では交渉の余地はありません。基本的に頭から外しておいてよいでしょう。

買い手の交渉力については、別エリアに競合店ができるまでは、G店がターゲットとする商圏内の高級住宅地に暮らす富裕シニアに選択の余地はありませんでした。ところが今では、送迎サービスや買い物もついでにできるなどG店より好条件の競合が登場したことにより、買い手の交渉力は一気に高まっています。

新規参入については、いつの間にか競合店ができていたように、今後も新たな参入が起こる可能性があります。富裕層を対象としたビジネスは、飲食に限らず消耗戦となりがちな価格競争に走る必要がないため、どの企業にとっても魅力的な投資先となるからです。

ただし富裕層を対象とする場合には、飲食店に求められる4要素、ＱＳＣＡのいずれにおいても高いレベルが前提となります。その上で、なんらかの差別化を打ち出す必要があるため、参入の際の難易度は高いと考えられます。

代替品については、富裕シニアのニーズを団らんの時間を過ごすための食事と考えれば、高級食材や調理品の宅配サービスの参入が、今後考えられます。

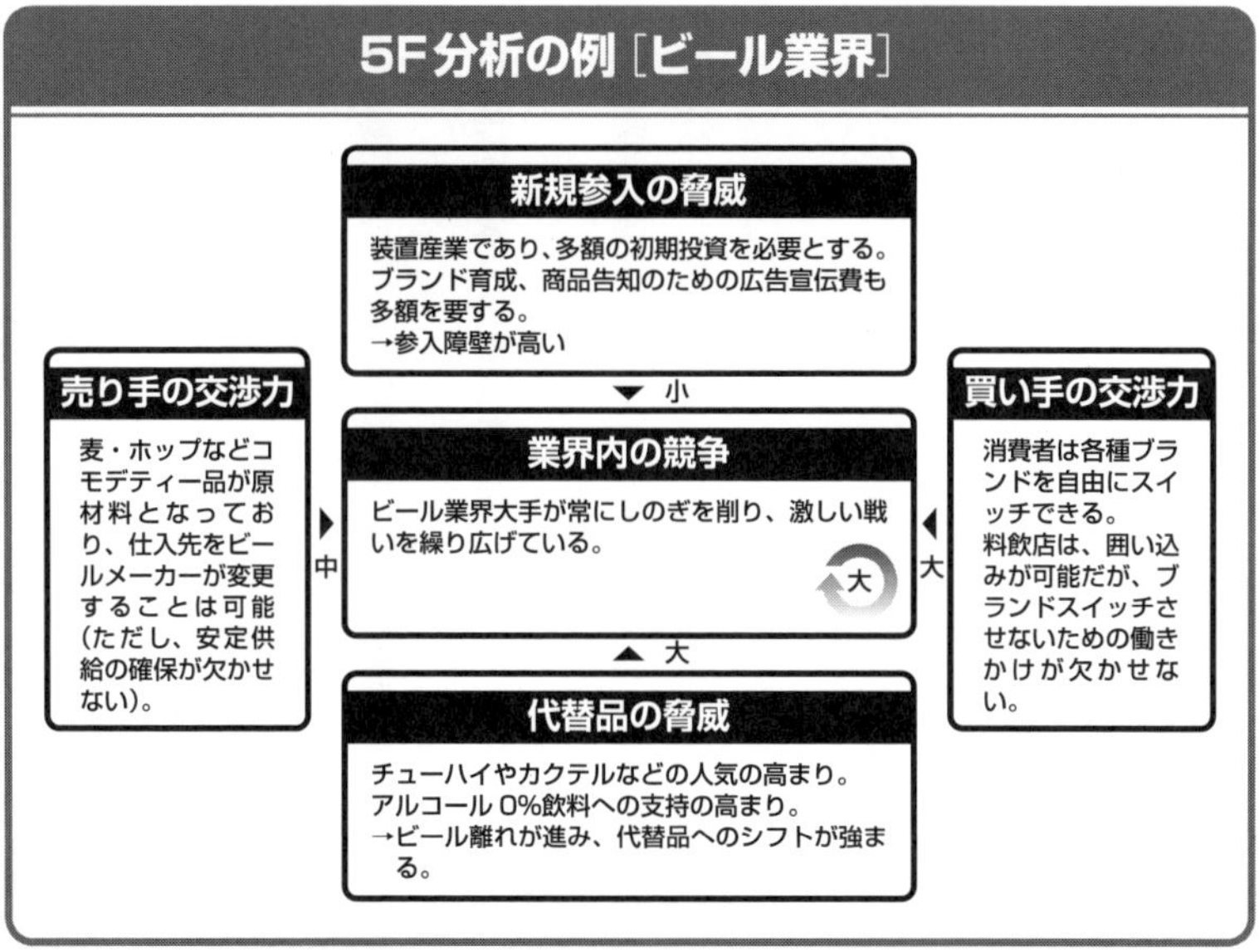
5F分析の例［ビール業界］
新規参入の脅威
装置産業であり、多額の初期投資を必要とする。ブランド育成、商品告知のための広告宣伝費も多額を要する。
→参入障壁が高い
小
売り手の交渉力
麦・ホップなどコモデティー品が原材料となっており、仕入先をビールメーカーが変更することは可能（ただし、安定供給の確保が欠かせない）。
中
業界内の競争
ビール業界大手が常にしのぎを削り、激しい戦いを繰り広げている。
大
買い手の交渉力
消費者は各種ブランドを自由にスイッチできる。
料飲店は、囲い込みが可能だが、ブランドスイッチさせないための働きかけが欠かせない。
大
大
代替品の脅威
チューハイやカクテルなどの人気の高まり。
アルコール0%飲料への支持の高まり。
→ビール離れが進み、代替品へのシフトが強まる。

こうしたサービスはすでに他の地区では始まっており、G店の商圏内に参入してくるのも時間の問題と覚悟しておいたほうがよさそうです。

◆どの力が強いのか

5つの力分析は、想定される脅威をただ羅列するだけでは、まだ実践レベルには達していません。大切なのは、それぞれの脅威がどれぐらい強く働いているのかを知ることです。脅威として働く力の強い部分が、自社の利益を大きく損ないます。したがって、対抗策を考える場合の優先順位も、この力の強い部分からになります。

G店の場合は、何よりも業界内の競争で勝つことが最優先の課題です。さらに今後予想される代替品の登場を防ぐために、G店が宅配サービスに乗り出す案も見えてきました。高まっている買い手の交渉力に対応するためには、顧客にとってはG店でしか得ることのできない新たな価値を創り出す必要性がありそうです。

バリューチェーンで強み／弱みを分析

各プロセスのコストはどうなっているか

自社のビジネスプロセスを確認し、各プロセスごとのコストを分析します。また、競争のバリューチェーンと比較することで、自社の強み／弱みを認識するのです。

keyword
バリューチェーン（VC）分析／購買／物流／製造／出荷／物流／販売・マーケティング／アフターサービス

◆自社ビジネスの流れを確認する

5つの力（5F）分析に続くフレームワークが「バリューチェーン（VC）分析」です。これは原材料の調達から始まり、製品・サービスを顧客に届けるまでの一連の企業活動を、価値（Value）のつながり（Chain）として捉える考え方です。

バリューチェーンは主要活動と支援活動に大きく分けられます。主要活動は購買／物流、製造、出荷／物流、販売・マーケティング、アフターサービスなどの連続したプロセスから成り立ちます。

企業は、購買した原材料について各プロセスごとになんらかの価値をつけ加えていきます。つまり価値の連鎖です。この主要活動をバックアップするのが支援活動であり、購買活動、技術開発、人事労務管理、全般管理などがあります。

バリューチェーンのあり方は、業種・業態によって異なってきます。また同業者にあたる競合と比べてみても、たいていの場合はどこかに違いがあるものです。その違いが利益率の差、強み／弱みに直結します。

バリューチェーン分析の第一歩は、自社のビジネスプロセスを正確に把握することです。

次に各プロセスで、どのようなコストがどれだけ発生しているのかを洗い出します。バリューチェー

バリューチェーンとコスト構造分析

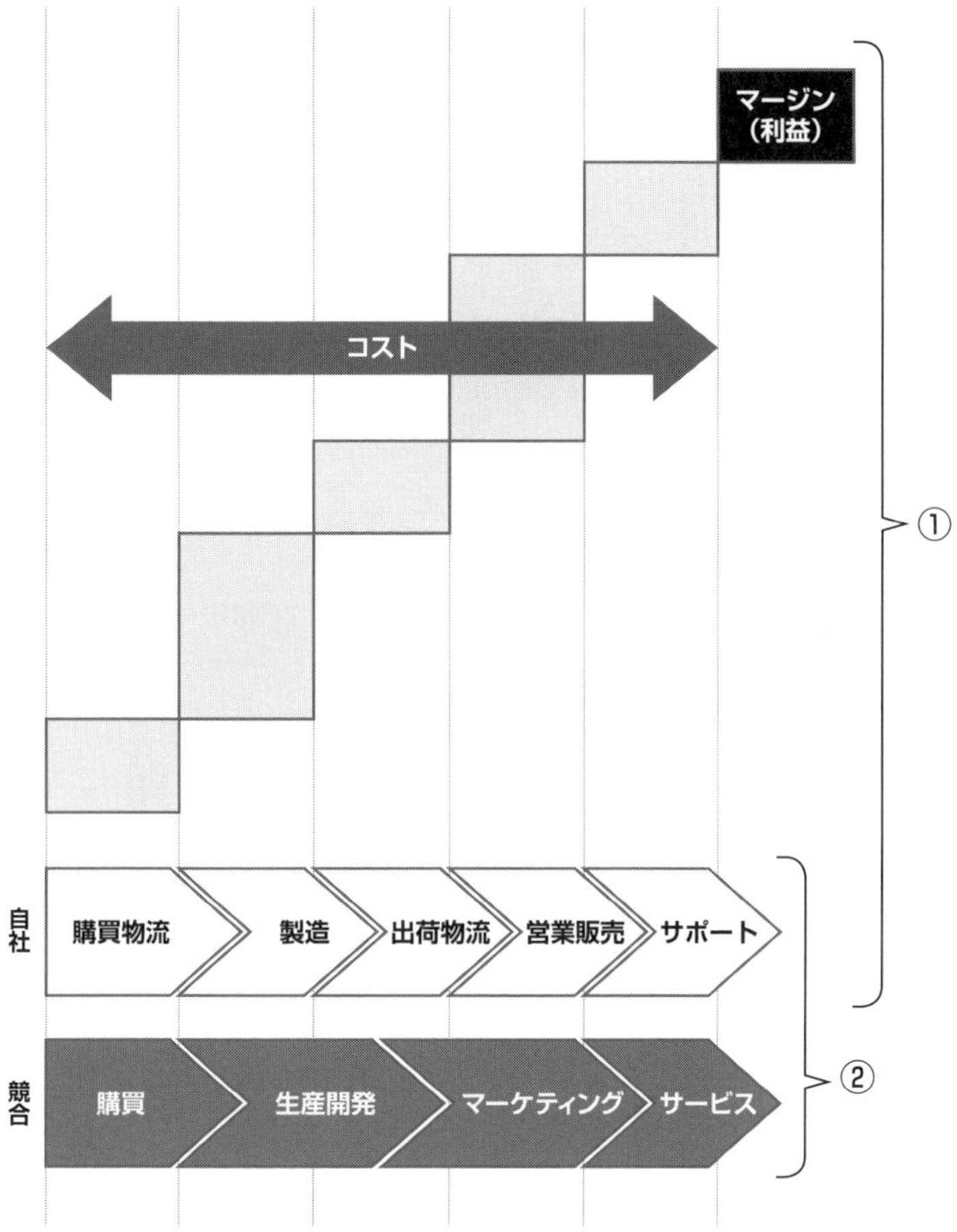

①VCのどこでどれだけコストがかかっているのか？
［コスト構造分析］
②VCの組み方がどんな強み／弱みを作り出しているか？
［強み弱み分析］ ※業種や企業によって組み方は異なる。

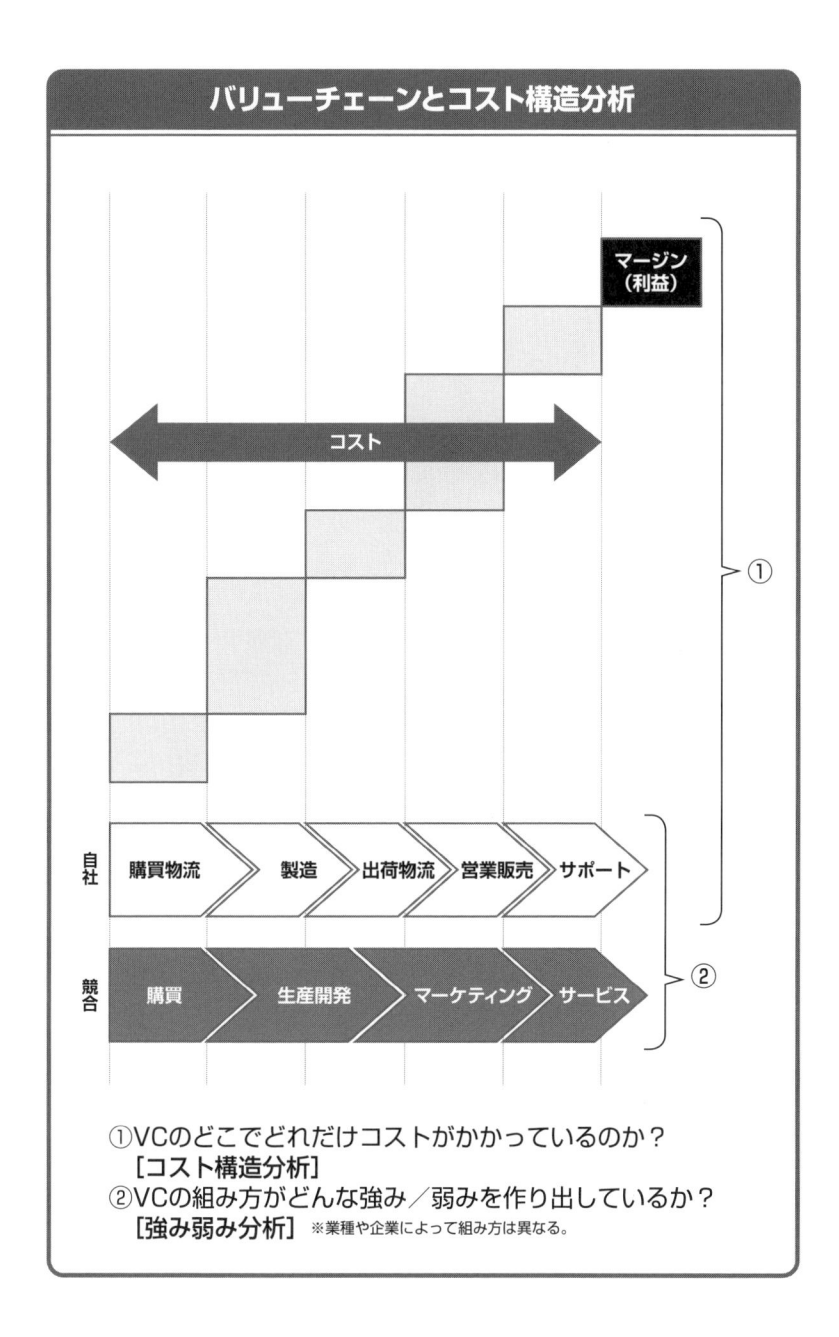

ン分析の目的の1つは、コスト構造分析なのです。

そして最後にどれだけのマージン（利益）が取れているのかを見ます。どこかにコスト構造上の問題点があれば、それを改善することで収益率を高めることができるのです。

◆自社と競合のバリューチェーン比較

自社のバリューチェーンについての強み／弱みを確認したら、次に取りかかるのが競合との比較です。ただしバリューチェーンは、どの企業にとっても利益に直結するプロセスであるため、極秘扱いとなっています。したがって、競合のバリューチェーンを正確につかむのは簡単なことではありません。

相手が上場企業であれば、有価証券報告書などを読み込むことで、ある程度推測することが可能です。上場企業でない場合は、帝国データバンクなどの調査機関によるデータを利用します。インターネットを活用した検索からもなんらかの情報を得られる可能性があります。

その上で自社のバリューチェーンをもとに競合についての仮説を立て、仮説・検証を繰り返すことによって推論の精度を高めていくのです。これは非常に重要なプロセスです。

仮にバリューチェーンの構造が同じにも関わらず、製品・サービスの提供価格が違うのであれば、個別プロセスの中みにその原因があるはずです。あるいはそもそも構造自体が異なる場合は、それが自社と競合との間で強み／弱みを生み出す源泉となっている可能性が高いと考えられます。

◆分析から対策を導き出す

G店のケースでは、購買／物流は本部一括で行っており、製造については下ごしらえをセントラルキッチンが受け持っています。出荷／物流も本部管轄であり、販売・マーケティングとアフターサービスが、顧客とダイレクトに接する各店舗が担当するプロセスとなります。

以前、アフターサービスのコスト改善を図ろうと

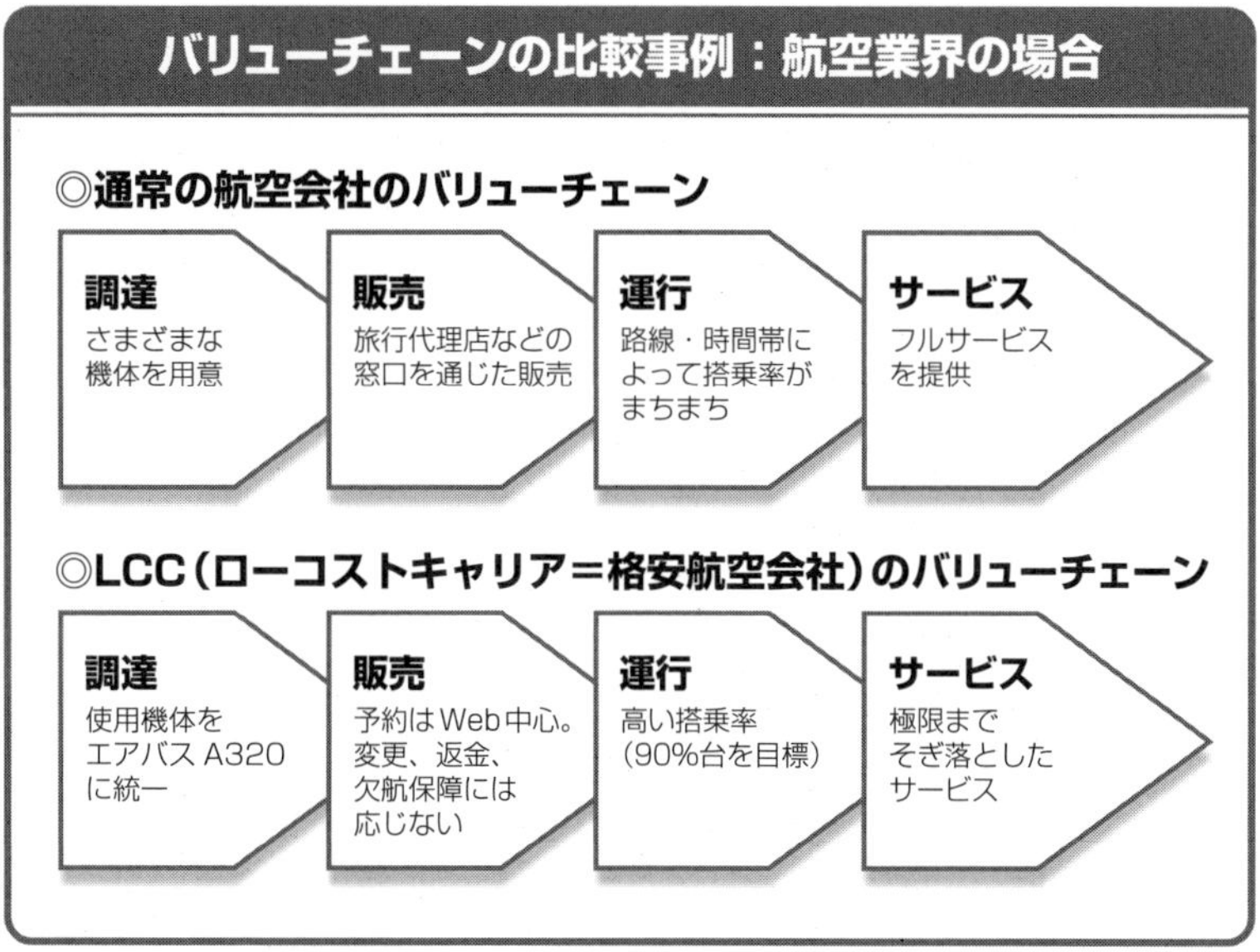
バリューチェーンの比較事例：航空業界の場合
◎通常の航空会社のバリューチェーン
調達
さまざまな機体を用意
販売
旅行代理店などの窓口を通じた販売
運行
路線・時間帯によって搭乗率がまちまち
サービス
フルサービスを提供
◎LCC（ローコストキャリア＝格安航空会社）のバリューチェーン
調達
使用機体をエアバスA320に統一
販売
予約はWeb中心。変更、返金、欠航保障には応じない
運行
高い搭乗率（90%台を目標）
サービス
極限までそぎ落としたサービス

して西村は、逆に客離れを招いてしまいました。新たな競合となった和風イタリアンのパート募集をチェックすると、案の定ホールスタッフは好待遇をアピールし優秀な人材確保に努めているようです。競合はここにコストを重点配分しているのです。

メニューについても、地元農家で朝に獲れた野菜を使った料理をメインに打ち出し、差別化を訴求しています。これらについては本部に掛け合って、なんらかの対抗策を打ち出す必要がありそうです。

バリューチェーン分析の結果、高コスト体質になっているプロセスがあれば、思い切ってプロセス自体をアウトソーシングすることで効率化する手があります。大手居酒屋チェーンの中には、あえてセントラルキッチンを使わず、仕込みを各店の近隣に住む主婦に任せることで手作り感をアピールする企業もありました。

いずれにしてもバリューチェーンは、利益の源泉につながる部分だけに弱点を徹底的に潰すことが必要です。

ＳＷＯＴ分析で戦略を考える

取り組むべき課題は何か

自社の内部要因である強み／弱みと、外部要因である機会／脅威を洗い出し、各要素の掛け合わせの中で自社が採るべき戦略の方向性を決めます。

keyword
ＳＷＯＴ分析／強み／弱み／機会／脅威

◆自社にとっての強み／弱み、機会／脅威

マーケティングの分析手法の中で、最もポピュラーなフレームワークでありながら、おそらくは最も誤解されがちなのがＳＷＯＴ分析です。

ＳＷＯＴとはStrength（強み）、Weakness（弱み）、Opportunity（機会）、Threat（脅威）の頭文字をとったもの。この4点について、以下の要領でファクト情報を徹底的に洗い出します。

強みは、自社が本来持っている強みのこと。Ｇ店なら居心地のよさやきめ細かな気配りによる接客などが当てはまります。考えるべきは、自社の強みを活かすことで、さらに取り込める事業機会です。

弱みは、自社が不得手な部分です。たとえば、新たな競合となった和風イタリアンなどと比べれば、食材の鮮度が当てはまります。こうした弱みがもたらす機会損失を想定することが大切です。

機会は、自社にとって追い風となる環境の変化です。今後、確実に進む高齢化はＧ店にとっては潜在顧客の増加につながります。高齢化や環境意識の高まりなどは、これから先、どのビジネスにとっても追い風とすることが可能な要因でしょう。

脅威は、自社のビジネスにとって脅威となる環境要因です。Ｇ店商圏内の高級住宅地から富裕シニアが都心部に引っ越している状況は、この先、マイナ

SWOT分析

	プラス面	マイナス面
内部要因	**強み**（Strength） 自社が本来持っている強みのこと	**弱み**（Weakness） 自社が不得手な部分
外部環境	**機会**（Opportunity） 自社にとって追い風となる環境の変化	**脅威**（Threat） 自社のビジネスにとって脅威となる環境要因

ス要因となるおそれがあります。

◆ファクト情報の掛け合わせがキモ

これら強み／弱みの洗い出しをもってSWOT分析が終わりだと考えてしまいがちですが、それは勘違いです。これで終わりではなく、この先が本当のSWOT分析なのです。

各要素を書き出して、それだけでよしとするのは、単なるお勉強にすぎません。分析が分析だけで終わっていては、実際のビジネスにはなんの役にも立たないのです。分析はあくまでも戦略を考えるためのもの、次の一手を打ち出すための材料なのです。

SWOT分析のキモともいうべきプロセスが、「クロスSWOT」を考えること。強み／弱み、機会／脅威を書き出したら、各要素を掛け合わせることで自社が採るべき戦略を考えるのです。

［強み×機会］から導き出されるのは、「積極攻勢戦略」です。自社の強みを、外部環境にある機会を活用し積極的に伸ばす戦略を考えます。

「強み×脅威」を考えることからは、強みを充分に活かすことで、可能な限り脅威を回避する「差別化戦略」を編み出します。

「弱み×機会」から見えてくるのは、弱みの部分でつかみ損ねている機会を、段階的に解消していくための「段階的施策戦略」です。

「弱み×脅威」が教えてくれるのは、「専守防衛」もしくは「戦略的撤退」を考える部分です。最悪の事態を回避するためのシナリオは、常に用意しておく必要があります。

◆時間軸に注意する

ＳＷＯＴ分析の際に、もうひとつ注意したいのが、時間軸の意識です。分析で洗い出すのは基本的に現時点で確定しているファクト情報です。将来の予想については、あくまでもほぼ確定できる未来までに留めなければなりません。

たとえば法改正などは、何年か前から準備にかかるケースが多いので、数年先の予測を織り込むことが可能です。人口動態については、最低20年単位での未来像をほぼ確実に描くことができます。

けれども、他の要素については、希望的推測などを混ぜてしまうと分析の精度が一気に落ちてしまいます。楽観しすぎてはダメ、だからといって不必要に悲観する必要もありません。

また単なるファクトと強み／弱みを読み間違えないことも重要です。

たとえばG店の場合で言えば、「他にもチェーン店が多数あること」はファクトに過ぎず、強みとも弱みとも言えません。「チェーン店が多数あるから、本部にバイイングパワーがあること」や「チェーンの他の店での成功／失敗事例を参考にできること」が強みとなります。一方で「多数のチェーン店をカバーするためにセントラルキッチン方式を採っており、メニューに各店の裁量が利かないこと」は弱みとなり得ます。

ファクトを洗い出すときは、時間軸に注意し、プラス／マイナスの両面を考えることが重要です。

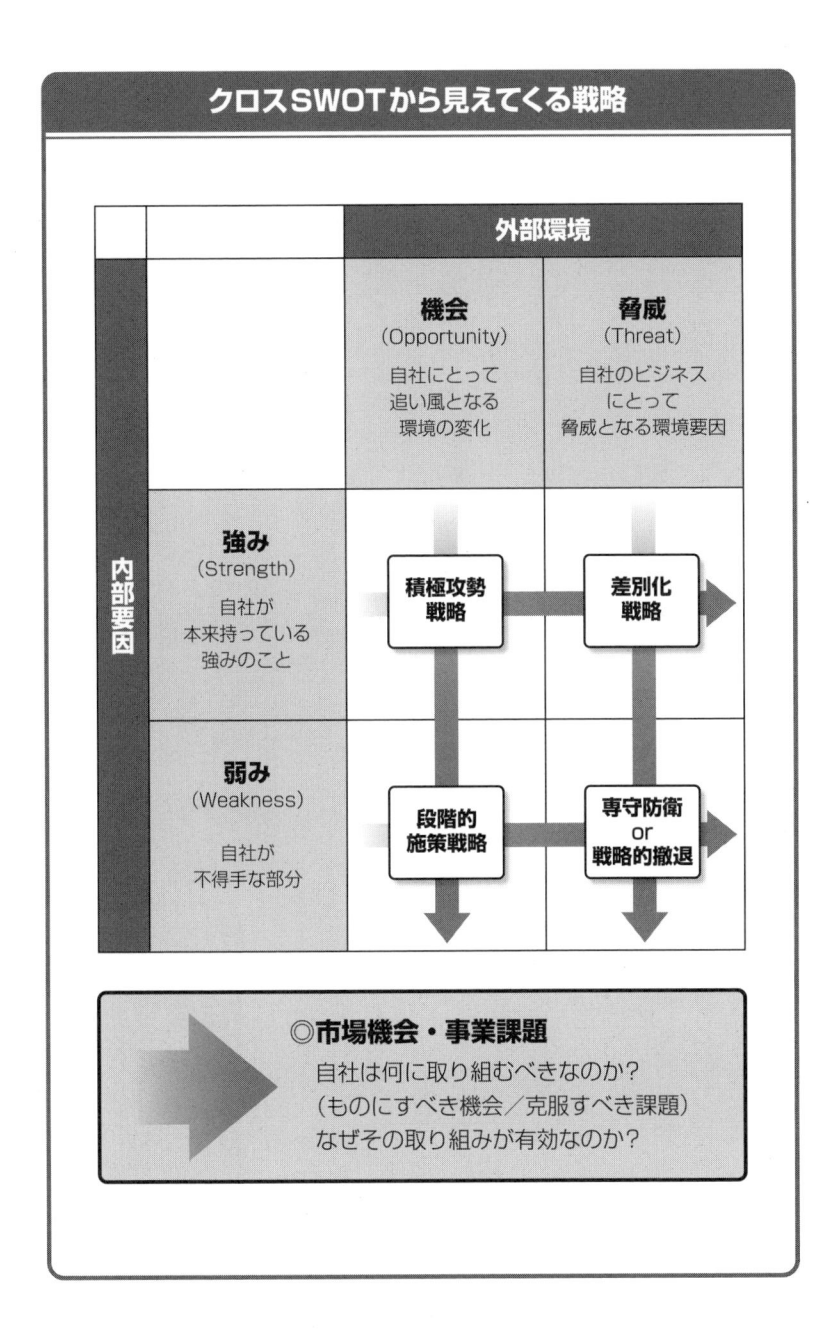

クロスSWOTから見えてくる戦略

		外部環境	
内部要因		**機会** （Opportunity） 自社にとって 追い風となる 環境の変化	**脅威** （Threat） 自社のビジネス にとって 脅威となる環境要因
	強み （Strength） 自社が 本来持っている 強みのこと	**積極攻勢 戦略**	**差別化 戦略**
	弱み （Weakness） 自社が 不得手な部分	**段階的 施策戦略**	**専守防衛 or 戦略的撤退**

◎市場機会・事業課題

自社は何に取り組むべきなのか？
（ものにすべき機会／克服すべき課題）
なぜその取り組みが有効なのか？

環境分析の結果をまとめる

ＰＥＳＴ、３Ｃ、５Ｆ、ＶＣとＳＷＯＴ分析

自社を取り巻く環境を的確に捉え、市場にあるチャンスを見いだして、勝ち残りのシナリオを作ります。

keyword
マクロ環境／ミクロ環境／外部環境／内部要因／ＳＷＯＴ分析

◆ＳＷＯＴ分析と他のフレームワーク

第２章で説明した「自社を取り巻くマクロ環境とミクロ環境の分析手法」、そして、この第３章で説明してきた「自社を取り巻く外部環境と内部要因の分析手法」、これら分析結果をまとめ、マーケティングに使える情報とするにはどうすればよいのでしょうか。

実は、マクロ／ミクロ環境分析であるＰＥＳＴ分析や３Ｃ分析、業界環境を把握する５つの力(５Ｆ)分析、バリューチェーン（ＶＣ）分析に加えて、本書の後半で説明する自社の４Ｐの状況までを、すべてひとまとめにして考えるツールがＳＷＯＴ分析なのです。

ＳＷＯＴ分析において外部環境として捉える機会／脅威には、ＰＥＳＴ分析、５Ｆ分析、そして３Ｃ分析の市場／顧客（Customer）と競合（Competitor）の部分が当てはまります。

ＰＥＳＴ分析の結果から、各要素が自社に与える影響でプラスのものを機会に、マイナス要因を脅威として書き出します。

５つの力分析については、自社を取り巻く５つの力を見て、自社の利益を奪う強い力となるのが脅威であり、自社が優位に戦える部分が機会となります。

３Ｃ分析は外部環境と内部要因に分けて考えま

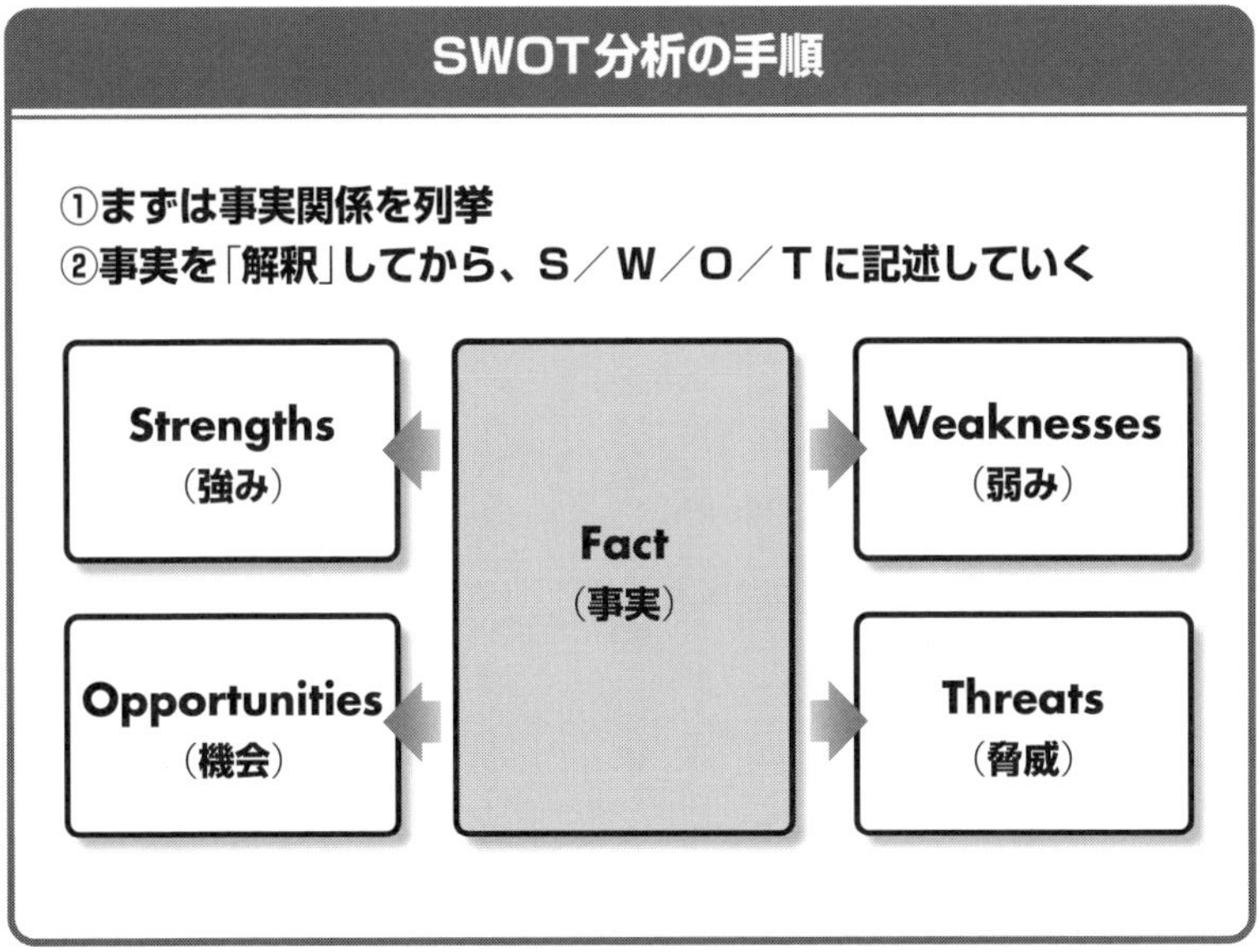

す。すなわち市場／顧客のうち市場環境に関しては、ＰＥＳＴ分析と重なる部分があるはずです。これでモレやダブリをチェックします。一方、同じ市場／顧客でも顧客ニーズに関する部分については、自社で取り込める要素が外部環境の機会であり、自社で対応できないニーズは脅威に分類します。

　競合の動きが顧客ニーズにフィットしたものであれば外部環境の脅威であり、そうでない場合は自社が取り込める機会と考えられます。

　自社（Company）の状況は内部要因に分類されます。顧客ニーズに対応できている部分が強みであり、ニーズがわかっているにも関わらず取り込めていないなら、それは脅威となります。

　バリューチェーン分析は、自社のビジネスプロセスの強み／弱みを知るためのものです。ここで浮かび上がって来た強み／弱みは、そのままＳＷＯＴ分析に当てはめることになります。

　最後に本書の後半で説明する４Ｐについても、その強み／弱みの観点からの分析を加えておきます。

◆大切なのはシナリオを作ること

このようにマーケティングを一連の流れとして考える場合、その第一ステップとなる環境分析は、最終的にはＳＷＯＴ分析に集約されるのです。

ＳＷＯＴ分析が単なるファクトの抽出ではなく、クロスＳＷＯＴまでを深く考えることにより、自社が採るべき具体的な戦略の方向性を決めるものであることを踏まえれば、ここまでの段階で今後の大まかなシナリオが見えてくるはずです。

Ｇ店のケースに当てはめてまとめてみましょう。

Ｇ店の強みは、まず飲食店の評価基準となるＱＳＣＡのいずれもが高い水準にあることでした。その上で特にきめ細かな接客サービスと富裕シニアに好まれる店内の雰囲気を備えています。さらにチェーン店ならではのバイイングパワーを活かしたお値打ち感のあるメニュー提供や、他店事例を参考に柔軟に軌道修正できることなどがあります。

一方、バリューチェーン分析から浮かび上がって来たＧ店の弱みは、セントラルキッチン方式を採っているためにメニューにあまり裁量が利かないことでした。さらに車での移動を前提としたロードサイドの立地が、道交法の改正により一気に弱みに転換してしまいました。

Ｇ店の外部環境で脅威となっているのは、改正された道交法に加えて、商圏内に暮らす人々の属性の変化も見逃せません。富裕シニアの都心回帰が見られるようになり、一方で地価が下がることで以前より低所得層の住人が増えてきました。商圏内の人口属性が変わってきている可能性があります。さらに別エリアに強力な集客力をもつショッピングモールができ、その中に新たな競合が登場したことは大きな脅威と考えられます。

全般的に状況は厳しいですが、これからも高齢者が増え続けることや、富裕シニアが引っ越した後にその子ども世代が移り住んでいることなどは新たな機会となりそうです。

このように多面的な分析を行うこと。これが次の戦略立案に進む上で重要なカギとなるのです。

他のフレームワークをSWOT分析でまとめる

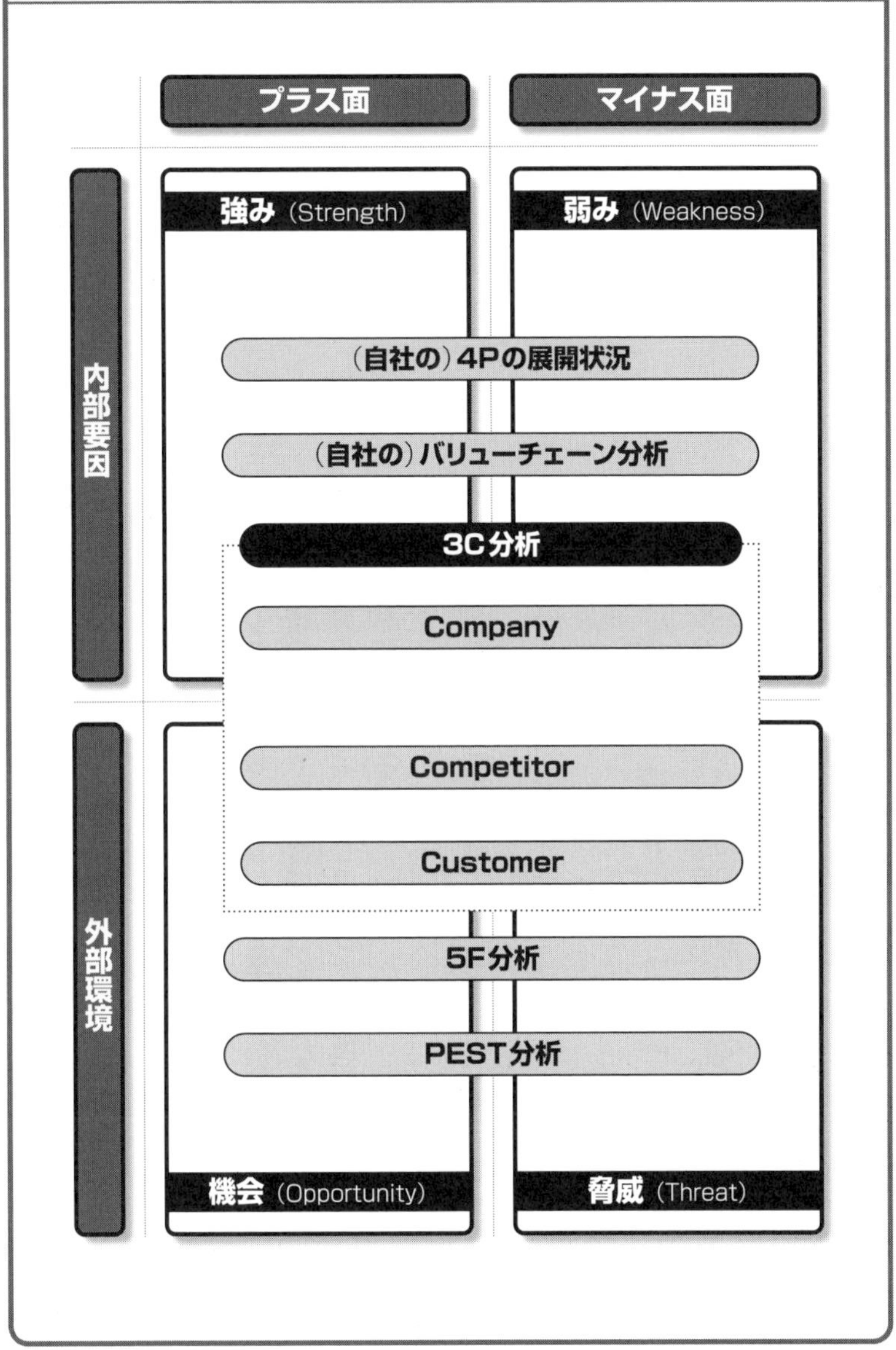

事例3

100円ショップを巡る環境の変化と各社の戦略の転換

100円ショップ業界は、2002年頃の勃興期と2008年頃の成熟期では、事業環境が大きく変化した。その環境変化に応じて、100円ショップ各社は事業展開戦略を変えている。改めて、その環境変化を「5つの力分析」によって読み取り、各社の戦略転換を見ていこう。

POINT ・・・5つの力分析

1 「5つの力分析」で業界内外の競争環境を読み取る。
2 競争環境の変化に対して、企業は戦略の転換を図る必要がある。

勃興期の100円ショップ業界の「5つの力分析」

100円ショップ業界の勃興期には、業界に対する「買い手の交渉力」はゼロに等しかった。

何しろほとんどの客が「こんなものまで100円!」と驚きながら買っていたのだ。近くのスーパーやコンビニでは百数十円するモノが１００円均一で売られている状況は、まさにあり得ないものだった。

「売り手側の交渉力」も同じくゼロである。

１００円ショップ最大手のダイソーは、それまでの売り手側の常識からすれば信じられない莫大な量を一気に発注していた。メーカーはダイソーに仕入れてもらいたくて列をなすような状態である。この力関係を活かしてダイソーは指し値をできるほどの優位に立っていた。

しかも「これが本当に１００円で売られているのか」と世の中全体が目を疑うような状況である。「代替品の脅威」もゼロといってよかった。

まさにダイソーは１００円ショップのパイオニアであり、「業界内の競争」においても圧倒的に強いポジションを確保していたのだ。

ただし、１００円ショップが意外に儲かるビジネスであることが知られたために、「新規参入の脅威」は当初からあった。

新規参入に際しての課題のひとつは仕入先の確保だが、ダイソーの仕入先が中国であることは少し調べれば容易にわかること。そうした中国メーカーを見つけさえすれば、比較的容易に真似のできるビジネスモデルである。当然、ダイソーの後を追って新規参入する業者が何社も出てきた。

成熟期を迎えた100円ショップ業界

その結果、2008年頃には業界環境は大きく変わっている。

まず「買い手」が変化した。リーマンショックによる不況の影響を受けて生活防衛に走っている。以前なら「これが100円なんだから、あれもこれも買ってしまおう」と考えがちだったのに対して、「たとえ100円とはいえ本当に必要なもの」しか買わなくなった。

「売り手」であるメーカーも、ダイソー以外の売り先が出てきたことにより選択肢が増えている。しかも原料となる原油や金属の価格が高止まりしているために、いきおい値上げ要請に走ることになる。背に腹は代えられない。「売り手の交渉力」も、以前と比べれば格段に強くなったということだ。

「新規参入」こそ増えていないが、それは「業界内の競争」がすでに過当競争に入っていること、市場ライフサイクル的に見ても成長期から成熟期に差しかかっていることを意味する。もはや100円ショップ業界は、あえて新規参入するほどの魅力的な市場ではなくなっているのだ。

競争環境の変化にともなう各社の戦略転換

このように、2002年の勃興期と2008年の成熟期では、100円ショップ業界を取り囲む「5つの力」それぞれの交渉力のうち、「買い手」、「売り手」、「業界内の競争」

の３つの力の交渉力が増し、業界各社にとって大きな圧力となっている。

業界全体の収益が大きく圧迫されるようになった結果、１００円ショップ各社は新たな生き残り策に出ている。

トップ企業のダイソーは、早い段階で「１００円均一」に見切りをつけ、海外へのシフトチェンジを図っている。２００９年には22の国と地域に進出し、韓国では４５０もの店舗展開を果たしている。

業界第2位のセリアは、新たなコンセプト「おしゃれ１００円雑貨市場」を打ち出して、新たな市場開拓に乗り出している。店舗の内外装をおしゃれな雑貨店風にリニューアルし、デザインや素材にこだわったＰＢ商品の扱いで生き残りを図っている。

業界第４位のワッツは、内容量で勝負する戦略に打って出た。つまり他社と同じアイテムの内容量を多くすることで「お値打ち感」を訴求できるＰＢ商品へのシフトを行っている。

このように、業界にはライフサイクルがあり、その段階によって業界内部・業界外部の競争環境は変化していく。企業はその変化を的確にとらえて、事業展開戦略を変えていく必要があるのだ。

事例4

バリューチェーンが単純で差別化を図りにくい、そんな飲食業界での勝ち組の秘密を探る

POINT・・・バリューチェーン

1　差別化はProduct（製品）の視点からだけでなく、バリューチェーン全体の中で考える。
2　一見、競合と違いがないようなシンプルなバリューチェーンでも、深掘りすることで差別化は可能。

寿司を「たまにしか行けない高級な食事」から、「いつでも気軽に行ける普段の食事」に変えたのが回転寿司。バリューチェーンは各社ともにほぼ同じで、差別化を図ることが極めて難しい。それでも勝ち組／負け組が出始めている。讃岐風うどんの全国展開チェーンの事例と併せて、各社の微妙な戦略の違いを探ってみよう。

シンプルなバリューチェーン

回転寿司では「スシロー」、セルフのうどんチェーンでは「丸亀製麺（トリドール）」が好調だ。両者ともにチェーン展開の飲食店であるが、バリューチェーンの組み方には大きな違いがあり、それぞれに成功している。

そもそも飲食業界は参入障壁が最も低い業界のひとつだ。単純に言えば、食材を仕入れて、調理し、客に提供する。そのバリューチェーンは至ってシンプル。しかし、シンプルさゆえに成功することは難しく、成功し続けることはさらに困難だ。なぜなら、バリューチェーンがシンプルであれば、そこで差別化を図ることが難しくなるからだ。

では、飲食店の差別化はどのようにすれば実現できるのか。飲食店の価値を構成する重要な要素はＱＳＣＡ（Ｑ＝料理の味や質、Ｓ＝接客などのサービス、Ｃ＝店舗の清潔さ、Ａ＝雰囲気）である。個店の場合なら、契約農家など特別な仕入ルートを確保していること、シェフの腕が際立って優れていること、絶妙の接客サービスをするスタッフがいることなどが差別化要因となる。

これに対してチェーン店の採るべき戦略は、基本的にスケールメリットの追求だ。すなわち販売数量を増やすことで原価に占める固定費率を下げる。固定費とは設備費や広告宣伝費、研究開発費などである。さらに変動費となる原材料費については、大量購買によって価格交渉力を強め価格低減を図る。といって単に価格を下げるだけではなく、同一価格でよりよい材料を仕入れる方向性も考えられる。

各社各様の競争戦略

「スシロー」が採った戦略は、後者の素材重視路線である。回転寿司は味はそこそこ、でも百円均一などの安さで勝負するものと考えられている。確かに当初は、安さが顧客にとってのKBF（Key Buying Factor＝購買要因）となった。なぜなら、回転寿司登場前の寿司は、普通の人はめったに食べることのできないぜいたく品だったからだ。そこに回転寿司は「圧倒的な安さ」をアピールして登場し、成功した。

しかし回転寿司のバリューチェーンを考えれば、極めて差別化が難しいことは容易に想像できる。ＱＳＣＡの中でも接客サービスなどは基本的に行わない。客はレールの上を流れてくる寿司の中から自分で食べたいものを、自分で取って食べる。お茶も自分で入れる。生ビールだって自分でグラスに注ぐ。店の雰囲気は、どこも同じ。そもそも寿司をレールに乗せて流すのだから、どこも同じような店内レイアウトにならざるを得ない。

勝負所はバイイングパワーを活かして素材に差をつけること、これしかない。そこで「スシロー」は素材で勝負し、ネタのよさが評価された。「くら寿司」は無添加をセールスポイントにしている。いずれにしても仕入れに際してボリュームディスカウントを効かせ、原価率をギリギリまで下げる一方で、利益率も緻密に計算し可能な限り抑えることで厳しい戦いに挑んでいるはずだ。

回転寿司の戦い方とは、まったく異なる展開を取っているのが「丸亀製麺」である。セルフ式うどん店では、以前は「丸亀製麺」と「はなまるうどん」が二強として君臨していた。ところが「はなまるうどん」が２０１０年12月時点で展開店舗数２９３店なのに対して、「丸亀製麺」は２０１１年３月時点で４４８店舗、売上の伸び率でも両者には大きな差がついている。

　回転寿司とセルフうどんの違いが興味深い。両者はまずもって出自が違う。回転寿司は、それまでぜいたく品だった寿司を安価で提供することが強みとなったが、うどんはそもそも安いものだ。セルフとは、本場讃岐うどん店でのうどんの出し方であり、「丸亀製麺」「はなまるうどん」ともに讃岐風のうどんを出すことで他のうどん店との差別化を図ってきた。

　チェーン展開で規模の経済を追求するとなれば、普通はセントラルキッチンの活用となる。麺は工場で大量生産し、天ぷらなどの食材も一括仕入れで下調理まですませる。おにぎりも工場で作るのが普通のやり方だ。製麺機は非常に優れたものを開発したメーカーがあり、それを使えばよほどの通でない限りは手打ちと思ってしまう麺を作ることができる。

　ところが「丸亀製麺」は、あえてバリューチェーンでの差別化に挑み、「はなまるうどん」に差をつけたのだ。「丸亀製麺」はセントラルキッチンを持たず、麺を各店舗で打っている。しかも麺に使う小麦粉の仕入れまで各店の裁量に任せているという。これにより店舗ごとに、顧客ニーズに対応するよう工夫している。それでいて、たとえば代表的なメニューである「ぶっかけうどん」の値段は「はなまるうどん」と「丸亀製麺」は、まったく同じだ。この独自のバリューチェーンに「丸亀製麺」の秘密があるのだろう。

第3章のまとめ

1 事業環境は常に変化し続けています。創業時の環境と現状を見比べてください。どんな変化が起こっていますか。その変化は、事業にどんな影響を与えていますか。

2 事業環境の変化を測るモノサシが5つの力です。少なくとも3か月に一度、5つの力に変化がないかチェックする習慣を身につけましょう。

3 各業務プロセスが、どのような価値を、どれだけのコストをかけて生み出しているのか。自社ビジネスの流れを価値に注目して把握します。

4 SWOTは分析手法ではなく、戦略立案のためのツールです。分析はゴールではなく、あくまでも戦略作りのスタートと考えてください。

5 マーケティングのさまざまな分析手法は、すべてSWOTにまとめることができます。この作業をきちんと行うことが、ぶれない戦略を作るカギです。

MATOME

第4章

PORTER × KOTLER

どんな客に、何を目的に来てもらいたいのかね

［戦略立案］コトラー理論に基づきSTPを徹底的に見直す

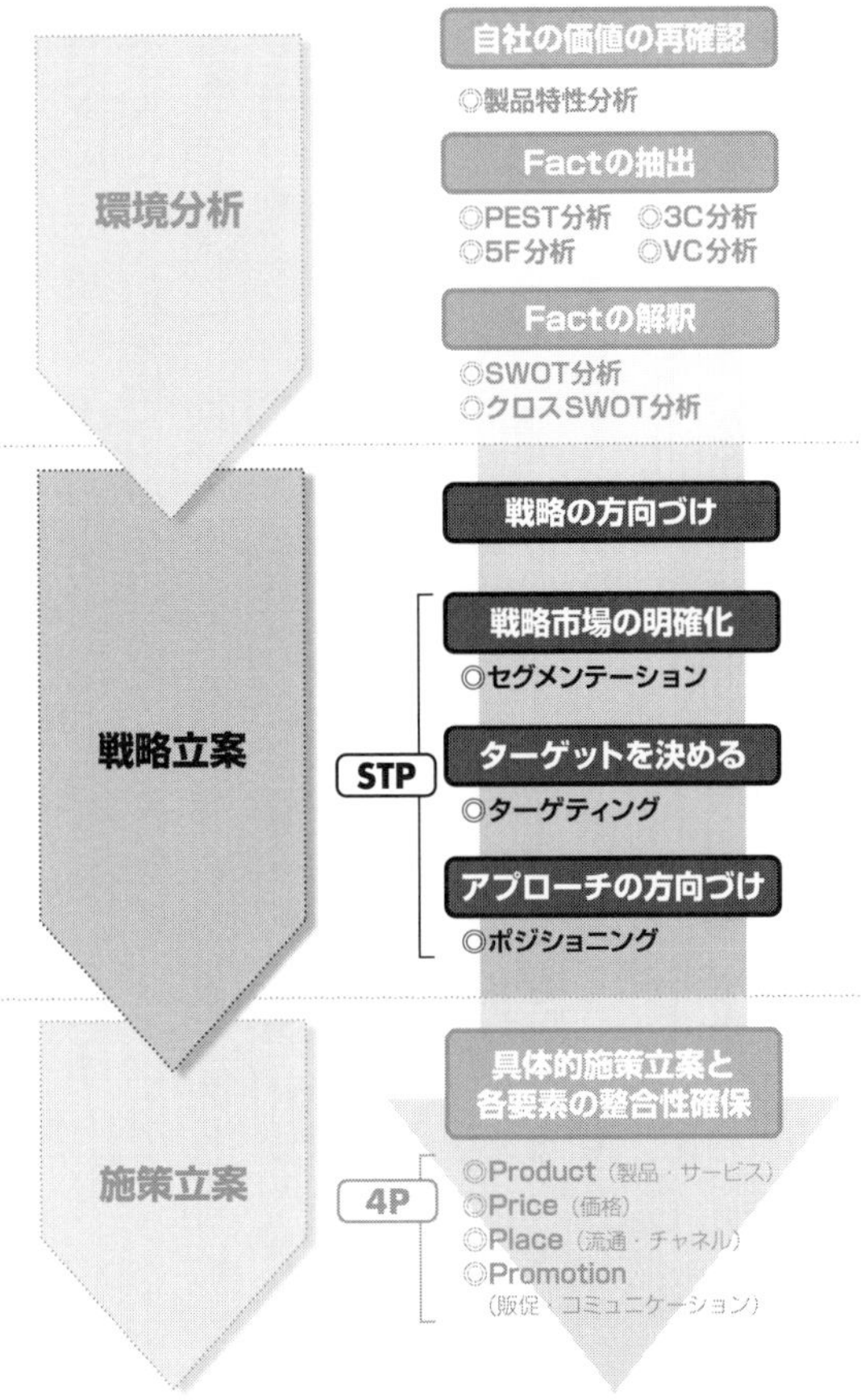

SWOT分析から基本戦略を見いだす

問題点の抽出から課題を考える

SWOT分析の結果をもとに、今後の戦略の方向性を考えます。新たな課題が、新たな展開につながるケースがよくあります。

keyword
市場機会／潜在顧客／STP

◆時間経過によって変わる事業環境

G店を取り巻く環境をさまざまなフレームワークで分析し、その結果をSWOT分析を使って統合的にまとめることで見えてきたものは、西村にとってショッキングな内容となりました。何より致命的な問題としてのしかかってきたのが立地です。

G店の出店時には、ターゲットとなる高級住宅地から車でわずか数分の好立地だったのです。この強みが、道交法改正後の今となっては、「車がなければ行くことができない＝わざわざ車で出かけていってもお酒を飲むことができない」という悪立地、すなわち弱みに一変してしまったのです。だからといって法律に楯突くことはできません。なんらかの対策が早急に必要です。

さらには、メインターゲットである富裕シニアの動向も気になるところです。もとより、商圏内のシニア層がすべて都心回帰することは考えられないでしょう。けれども、彼らもこの先、1年ごとに確実に歳を重ねていくわけです。高齢化がさらに進めば、いずれ外出意欲が衰えていくことは目に見えています。主要顧客が目減りすることにも対処する必要があります。

初めての競合の出現により、自社のバリューチェーンに問題があることも判明しました。少し精緻な

SWOT分析から、戦略を方向づける

◎市場環境をモレ抜けなく分析する詳細なSWOTのフレーム

要素	状況	プラス要因	マイナス要因
Political			
Economical			
Social	外	O	T
Technical			
Customer			
Competitor			
Company			
Product			
Price	内	S	W
Place			
Promotion			

自社を取り巻く環境は

[T] ______ というマイナス要因と、

[O] ______ というプラス要因があり、

総合的には［T+O］______ であると言える。

その中で

[W] ______ という弱みをカバーし

[S] ______ という強みをいかして勝っていく。

分析をするだけで、まさに現実は問題だらけであることがわかったのです。これでは売上が減るのも当然の状況で、正直なところ西村の手には余ります。ここに至ってようやく西村も、マーケティングの流れの末端に位置する4Pを考えるだけでは、困難な状況を改善する打ち手が出てこないことがよくわかりました。

まさしく「問題は現場で起こっている。けれども、問題の核心は別のところにある」のです。

◆原因がわかれば、対策は必ず見つかる

そこで西村はもう一度、竹森の力を借りることにしました。西村の考えが以前と比べて飛躍的に深まったことを見てとった竹森は、G店の再建策をともに考えるために時間を割くことを、喜んで了承してくれました。

現状分析の次に考えるべきは、今後の戦略の方向性です。これは現状の環境の中にどのような市場機会を見いだすかがカギとなります。

「ターゲットの富裕シニアは、もうG店には来たくないのだろうか」と竹森は問いかけました。

決してそんなことはないはずです。G店のQSCAは、一時的に接客サービスが低下したものの、誤りに気づいた西村が直ちに改善策を施した結果、再び以前のレベルに戻っています。ターゲットのニーズが短期間で変わったはずもありません。ニーズの受け皿は、依然としてG店にしっかり用意されているのです。

ただし、飲んで帰るとなると足がないことが問題となります。別エリアにできた競合の和風イタリアンは、店が入るショッピングモールが運営する送迎バスにより、交通手段を確保しています。であるならば、同じように送迎バスを出すことができれば、競合と条件を揃えることができます。以前の顧客に来てもらえる可能性は高まるでしょう。

ただし送迎バスを単独で運営するとなると、相応のコスト負担を覚悟しなければなりません。これはチェーン本部とかけ合って交渉する必要がありま

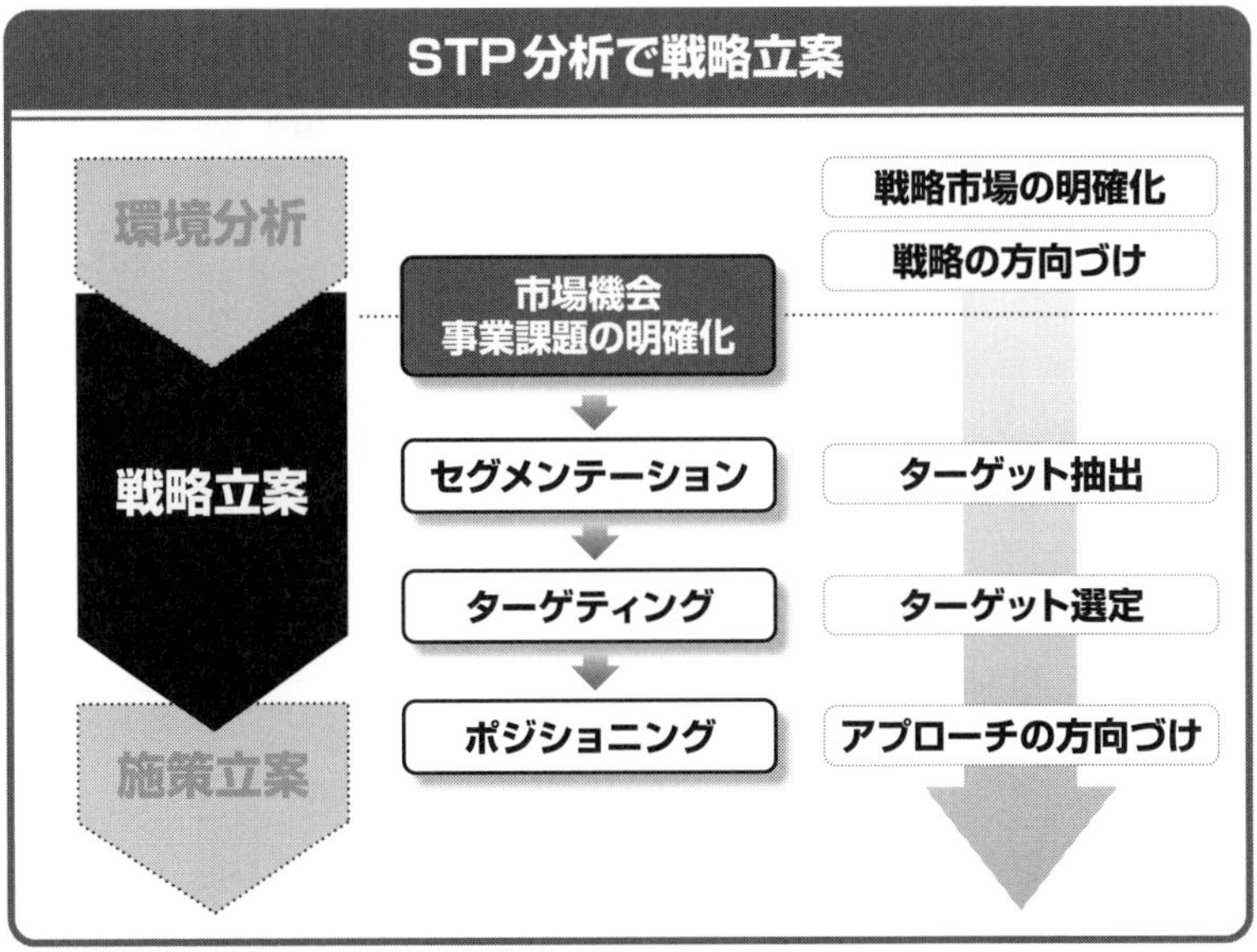

す。とはいえ、とりあえずは運転代行サービスの導入や、タクシー利用の割引サービスなどの施策から手をつけることができそうです。直近の課題が見えてきました。

◆新たなニーズの開拓

「富裕シニアの中には都市部へ回帰する動きがあるだろう。彼らが引っ越した後には、その息子や娘の世代が移り住んでいると言うじゃないか。彼らを客として考えることはできないのかね」

　竹森は新たなヒントを提示しました。富裕シニアの息子や娘であれば、生活水準やテイストが親と似ていると想定できます。すなわちG店の潜在顧客として考えることができます。ここに切り込むことができれば、新しい顧客を獲得することが可能です。西村には、新たな展開が見えてきました。

「ここで、コトラーの出番だ。すなわちSTPをしっかりと考え直すこと。これが固まれば、具体的な打ち手、すなわち4Pは自然に見えてくる!」

セグメンテーションの使い方

ニーズを起点にセグメントする

STPの第一ステップはセグメンテーション。どのような切り口を設定するかによって、見えてくるセグメントが変わってきます。

keyword
セグメンテーション／デモグラフィック／ジオグラフィック／サイコグラフィック

◆セグメンテーションの再構築

STP（Segmentation,Targeting,Positioning）は、コトラー理論の中核ともいうべきフレームワークです。ただし、これも考える順番を誤らないことが大切です。まずセグメンテーション、次がターゲティング、そして最後がポジショニングの順番で考えていきます。

セグメンテーションとは、市場に点在する顧客を意味のあるカタマリとして捉えることです。ここで気をつけたいのが、共通項の取り方を間違わないことです。

テレビ業界やファッション業界などでは、よくF1、M1といった用語が使われます。これは性別と年齢を切り口にしたセグメントを意味します。F1は20歳から34歳までの女性、F2は同じく女性で35歳から49歳まで、F3なら女性の50歳以上を表します。このセグメントの男性版がM1、M2、M3となります。アパレルメーカーなどでは、「当社のターゲットはF1層です」といったくくり方をしています。しかし、はたしてこれは、どれだけ意味のあるセグメンテーションと言えるのでしょうか。

そもそも20歳と34歳の女性を比べて見れば、その生活環境やライフスタイル、キャリアと収入、さらには考え方から趣味・嗜好におけるまで、何もかも

セグメンテーションの一例

年齢・性別（デモグラフィック）						
女性				男性		
		★	10代			
			20代			
			30代			
			⋮			
ビジネス系	カジュアル系	スポーツ系	志向（サイコグラフィック）	スポーツ系	カジュアル系	ビジネス系

⇒ターゲット＝女性 ×10代 × スポーツ系

が異なっているはずです。これでは幅が広すぎて、意味のあるセグメント（絞り込み）をしたことにはなりません。F1、F2といった切り口は本来、あくまでテレビの視聴者層を大まかに把握するために使われるものなのです。

◆セグメンテーションの切り口は何か

セグメンテーションを考える上での切り口は、他にもいくつか考えられます。

たとえばデモグラフィック（人口動態的）な要素に注目するなら、性別・年齢・未既婚・家族構成・職業・収入・学歴などがあります。

ジオグラフィック（地理的）な要素で切るなら、都心と郊外、都市と地方といった切り口や、交通手段に注目して公共交通利用エリアとクルマ依存圏といった分類も可能です。

サイコグラフィック（心理的側面）に着目すれば、ライフスタイルや価値観でグルーピングすることができます。

このようにセグメンテーションの切り口を並べていくと、「では、我々はライフスタイルを切り口でグルーピングしよう」と短絡的に考えてしまうことがよくあります。これも間違いのもとです。

もう一度、セグメンテーションの原点に立ち戻って考えてみましょう。そもそもなんのためにセグメンテーションをするのでしょうか。それは自社の顧客となりうるカタマリを見つけ出すためです。セグメンテーションはSTPを考える上での第一ステップなのです。ここでボタンをかけ間違ってはいけません。切り口を考えるときにはじっくりと時間をかけ、何度も繰り返して考えてみるべきです。

試行錯誤を繰り返す時には、自社が顧客に提供できる価値を常に頭の中に置いておくよう心がけます。その価値を、自分たちのニーズと見なしてくれる顧客のカタマリを見つけるのです。

◆見えてきた新たなセグメント

G店が提供できる価値は、「高いクォリティの保証された和食を、きめ細かな接客サービスを受けながら、落ち着いた雰囲気の中での団らんのひとときとして楽しめること」でした。これに価値を見いだす人、すなわちこのようなニーズを抱く人がターゲットとなるわけです。

おそらくG店が当初出店する際にも、こうしたニーズを切り口としたセグメンテーションが行われたはずです。ただし出店から10年を経て、G店を取り巻く環境が変化していることがわかってきました。変化を踏まえて西村が改めてセグメンテーションを行ってみた時、もうひとつのカタマリが見えてきました。

セグメンテーションのために西村が新たにつけ加えた切り口は、時間帯です。富裕シニアにとっての団らんといえば、時間帯は夕方以降がメインとなるでしょう。したがって、G店ではこれまで、お昼の時間はアイドルタイムと考え、積極的には取り組んでこなかったのです。

ここに西村はニーズの芽を見つけました。

マクドナルドのターゲットセグメントと提供価値

どんな顧客？	顧客ニーズは？	提供物は？
どんな家族連れ？ 父＋母＋子供？ or 母＋子供？ ↑ 家族連れ	子供を楽しませて食事をさせたい （母）ご飯を作りたくない （母）ママ友とおしゃべりしたい	ハッピーセット（オモチャ付き） プレイランド（遊戯施設） （母）母向けヘルシーメニュー （母）「おしゃべりの友」にスイーツ
明らかに2つのニーズは異なる。 ターゲットはひとくくりでよい？ ↑ ビジネスマン	時間のないビジネスマン 手早く食事を済ませたい 時間のあるビジネスマン 空き時間をつぶしたい	手早く注文できるセットメニュー 時間がつぶせる… 140円コーヒー 無線 LAN
メガマックを食べてるのは、 若い男性や学生だけ？ ↑ 若い男性／学生 ↓ ボリュームを求める客	お腹いっぱい食べたい	メガマック

ターゲットを明確に定める

セグメントしたグループを具体化する

セグメンテーションを考えることは、すなわちターゲットを浮かび上がらせることです。セグメントの切り口によって、新たなターゲットが見えてくることがあります。

keyword
ターゲティング／ペルソナ

◆「時間帯」があぶり出した新たなターゲット

G店がターゲットとしているのは、「落ち着いた雰囲気の中、和食で団らんを楽しみたい」というニーズを持つ人たちでした。「団らん＝家族や気の合う仲間と楽しむ夕食」、誰でもこのように考えるでしょう。ここに見落としがあったのです。

キーワードは「団らん」です。このたった1つの言葉が、これまでのG店のマーケティング担当者の目を塞いでいたのです。人間は言葉を通じてしか物事を考えることはできません。思考は言葉に束縛されるのです。

試しに「団らん」の代わりに「歓談」という言葉を置いてみると、どうなるでしょうか。よりイメージをはっきりさせるために「女性の歓談」とすれば、どんなシーンが見えてくるでしょうか。

「落ち着いた雰囲気の中で、和食を食べながら歓談を楽しむ、仲間と語り合う」―これは女性にぴったり当てはまるニーズです。それもおそらくは、30歳前後から上の年代層の女性全てに当てはまると言ってよいでしょう。

西村はセグメンテーションに新たな切り口を持ち込むことで、新しいターゲットを見つけることに成功しました。しかもこのターゲットに対してならば、従来のG店のQSCAに新しく手を加える必要は、

ターゲットを絞り込んだ新『ミルミル』

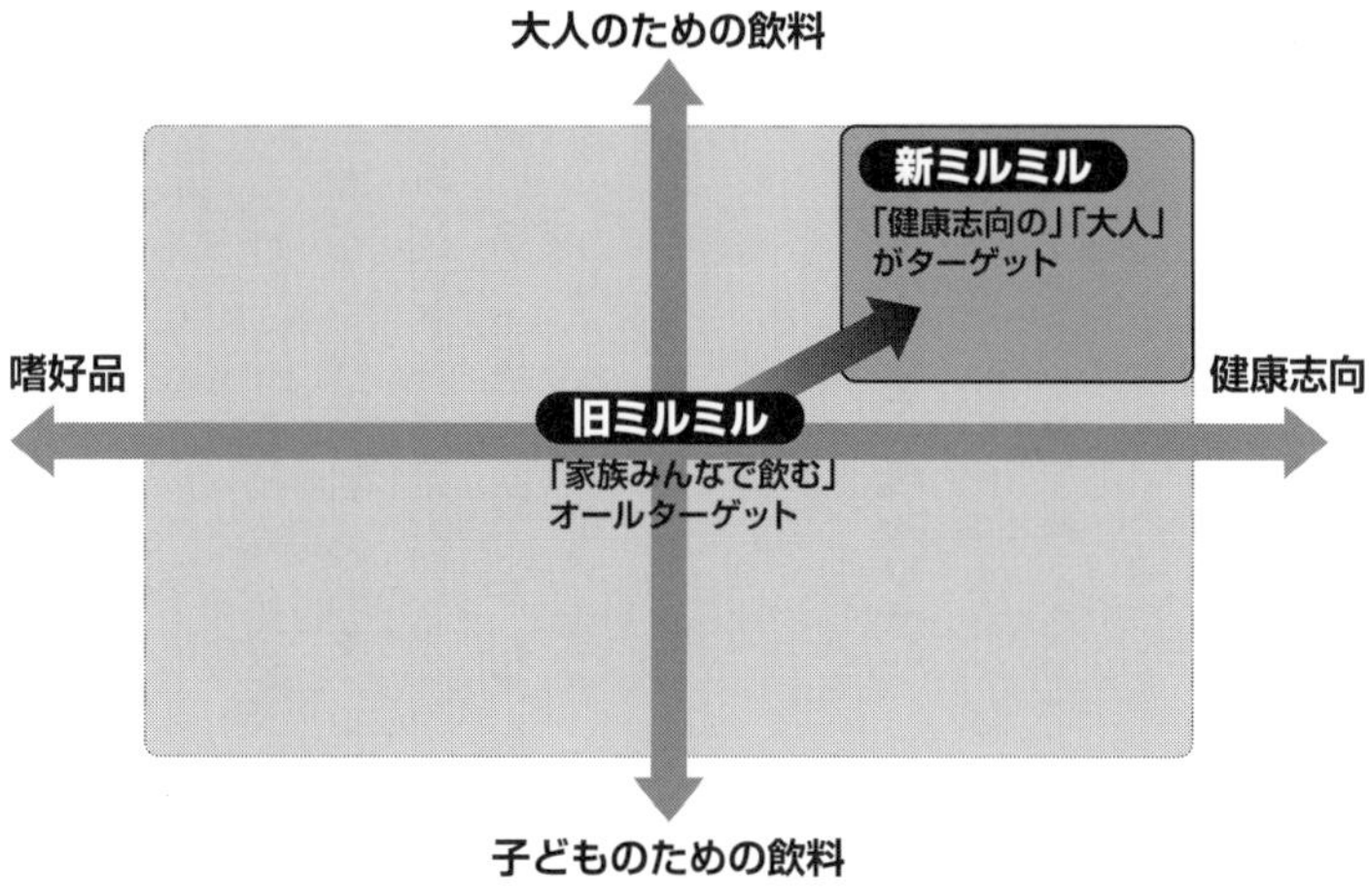

ほとんどなさそうです。おまけにお昼の時間であればアルコールが絡むことはなく、道交法改正の影響も受けません。

◆ターゲットセグメントと提供価値

西村はＧ店のセグメンテーションを考え直す中で、「時間帯」という新たな切り口を持ち込みました。これにより従来の富裕シニアに加えて、別のターゲットをあぶり出すことができたのです。

一方ではセグメンテーションを変えることで、よりターゲットを絞り込む戦略もあります。その好例がヤクルトのビフィズス菌飲料『ミルミル』です。ミルミルは１９７８年に発売され、以降27年間にわたって販売され続けたロングセラー商品です。「家族みんなで飲む」飲料として訴求されたミルミルは、オールターゲット商品でした。

そのミルミルは２００５年に、いったん発売を終了します。やがて２０１０年に復活したミルミルは、以前とはターゲットを変えていました。新しいミルミルは、旧ミルミルのターゲットからあえて子どもを取り除いたのです。ニューミルミルは、「家族みんなのミルミル」ではなく、「大人のための飲料」として再登場しました。

その背景として考えられるのは、メタボ検診の普及などによる「大人の」健康志向の高まりでしょう。ターゲットを絞り込むのは勇気の要る決断です。けれども、あいまいなターゲット設定をしてしまうと、戦略にエッジが効かなくなります。時にはリスクを冒してでもターゲットを絞り込むべきケースもあるのです。

◆ターゲットの具体化手法「ペルソナ」

ターゲットを具体的に明確化することは、次のステップであるポジショニングを考える上でも極めて重要な作業です。

幸いG店の場合は、富裕シニアに加えて、同じく高級住宅地に暮らす裕福な主婦層がターゲットとして浮上してきました。いずれも十分、具体的にイメージできるターゲットです。

場合によっては、セグメンテーションはできたものの、今ひとつターゲット像が明確に見えてこないこともあります。そんな時には、自社のユーザー像を可能な限り具体的に再現した仮想の人格を作りあげる手法「ペルソナ」が有効です。

ペルソナは「仮面」「登場人物」といった意味を持つ言葉です。すなわち商品のユーザー像として、市場調査などの定量データをもとに、ユーザーインタビューなどの定性データを加え、想定を重ねて1人の人物像を作り上げるのです。

仮想とはいえ、名前をつけ、年齢・性別・職業・家族構成・住居・趣味などを具体的に記述します。さらに、その人物がどのような目的とニーズに基づいて、商品を利用するのかまでを考えていきます。ターゲットとなる人物の過去や行動パターンなどまで、生き生きと描くことで、ターゲット像が具体的になり、マーケティングプランの策定にもブレがなくなります。

20歳～30歳代女性のペルソナの例

◎三崎 一美 （31才女性・独身）（身長 167センチ・体重 58 キロ）

面差しは柴咲コウと菅野美穂を足して２で割った系。通称「かずちゃん」

日用雑貨メーカー勤務の営業職

仕事をがむしゃらにしてきて、今年主任に昇進した。

役職がついて、会社の方針を部下・後輩に伝える時に、「本当にこれでいいのかな？」と少し仕事に悩みも出てきた。

人からは「完璧主義者」と言われることもあるが、本人としては自覚はない。

明大前在住・2DK一人暮らし
母校の沿線で数回引っ越しをし、現在の物件に至った。
長い一人暮らしで家賃もばかばかしいと思い始めているが、「マンションを買ったら終わり」と思い、不動産広告は見ないようにしている。

20代の時は、プライベートでの最大の関心事は恋愛・結婚だったが、30歳を超えてだんだん面倒になってきている。

代わりに健康に気をつけるようになってきているが、それもよいことだが何か違うという気もしている。

仕事のストレスと、プライベートの寂しさから、つい食べ過ぎ傾向に陥り始めているのが目下の悩み。


実家は千葉県市原市姉ヶ崎。

長女。結婚して子どものいる妹がいる。

姪はこの上なくかわいく、もしこれが自分の子どもだったら･･･と、ふと思うこともある。

長女のためか、幼少の頃から全力疾走で頑張ってきた。

仕事も男社会のメーカー営業職の中で確実に成績を残してきた。

今考えると、もうちょっと女性らしく一歩引いていたら、社内結婚なんてこともあったのかなぁ～と思うこともある。

少なくとも会社内で女友達の１人や２人はできていただろうとも思っている。

友人といえば、学生時代の女友達が頼りだが、家庭に入ってしまう友人が多くなってきて、集まりも少なくなってしまった。

それゆえに、友人からの誘いや会合があると、極力出席を心がけている。


フレンチとワインが好き。　酒は結構いける口。

日本酒もOK。　ビールはプレモル。


趣味はワインだが、健康を考えてスポーツも始めた。

ランニングを始めてみたが、あまりに流行しているので、今さらだとミーハーに思われそうでやめた。

流行しているわりには女性人口が少ない自転車をやっている。

昨年、25万円也のロードレーサーを購入。週末は軽く50～70キロ程度のツーリングに出かける。


（以下略）※できるだけ詳細に記述すること

戦略策定の要、ポジショニング

どうすれば自社が魅力的に見えるか

顧客から魅力的に見えること、競合に対して優位に見えること。そのための切り口を考えることが重要です。

keyword
ポジショニング／比較優位／ポジショニングマップ／KBF

◆ターゲットから見た魅力を再定義する

ＳＴＰの最終ステップがポジショニングです。ポジショニングとは、ここまでのステップによって明確になったターゲットの価値観に基づいて自社を見た時に、どうすれば競合よりも魅力的に見えるかを考えることです。これが戦略を策定する上での要となります。

Ｇ店の場合、以前はめぼしい競合が存在しませんでした。したがって、独自基準のＱＳＣＡで一定以上のクォリティを保っていれば、接客サービスと心地よい雰囲気作りでの差別化が可能だったのです。

しかし、セグメンテーション、ターゲティングを見直したことにより、新たなターゲットが浮かんできています。同時に、手強い競合も登場してきました。そのため、ポジショニングの見直しは必須の作業となります。

ポジショニングの目標は「どこにも真似のできない自社独自の魅力を、ひと言で明確に示すこと」です。具体的には競合との比較優位をさまざまな切り口から考えていくことで、自社の魅力を明らかにします。

◆比較のための評価軸を考える

比較優位を考えるツールがポジショニングマップ

ポジショニングの例［任天堂・Wii］

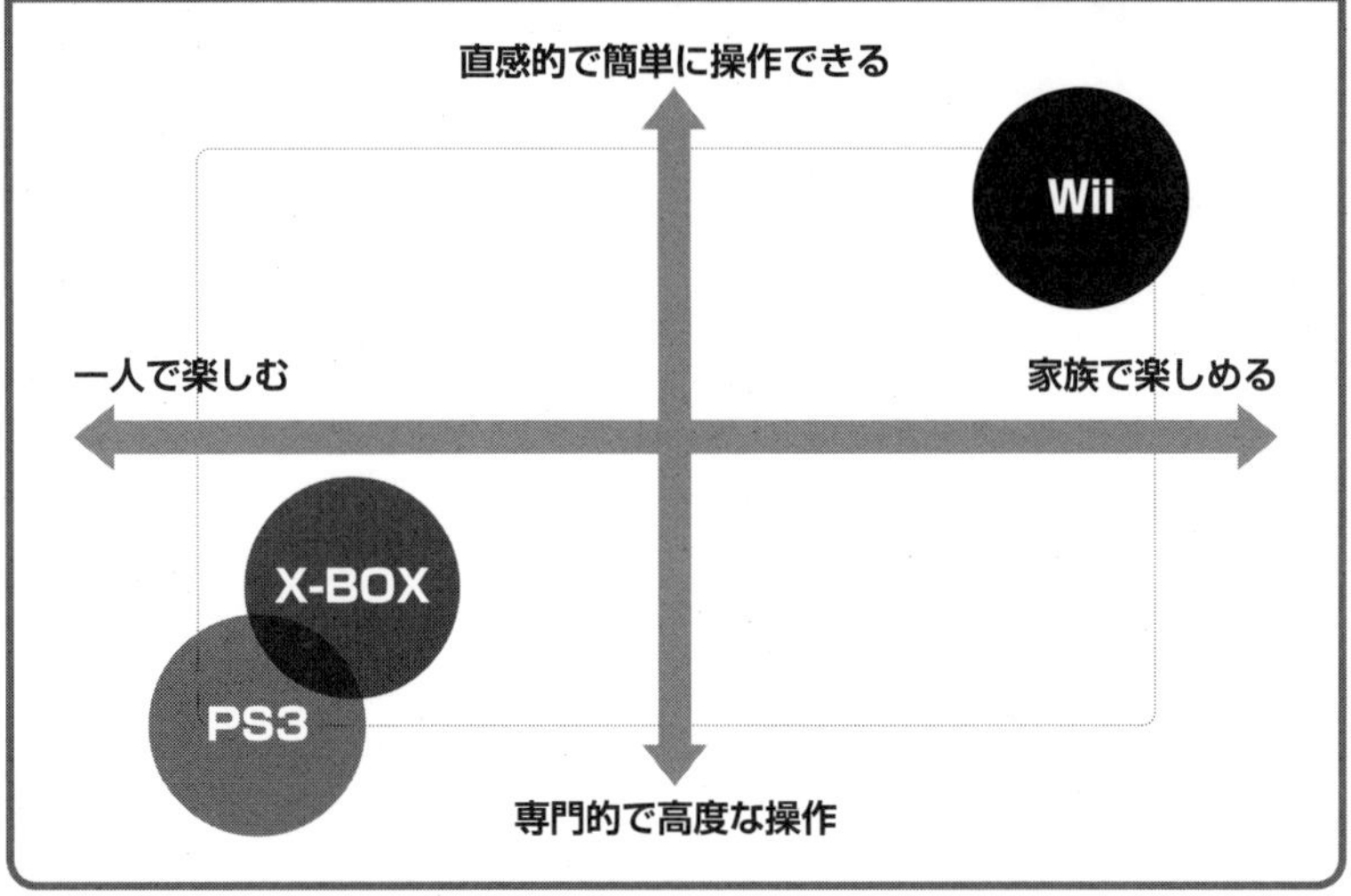

です。縦横の2軸で区切られた4つの象限を設定し、自社と競合の位置するところを考えます。そのポイントは軸の設定にあります。

　仮にG店と競合の和風イタリアンを比べてみる時に、味のクォリティと価格を縦横の2軸にとれば、両店はほぼ同じところに位置されてしまうでしょう。逆に言えばクォリティと価格では差のつけようがないわけです。

　では和食とイタリアンを1つの軸に置き、もう1つの軸を価格とすればどうなるか。今度は価格帯は同じでありながらも、和食／イタリアンの軸に対して正反対のところにG店と和風イタリアンが位置することになります。

　ただし、このポジショニングで勝負した場合は、G店と和風イタリアンのどちらをターゲットが選ぶかは、その時に食べたいものによって決まってしまいます。食べたいものがイタリアンなら、G店ははなから選択肢に入ることさえできません。

　どのような評価軸にするにせよ、最終的な選択権はもちろんターゲットにありますが、少しでも多くのターゲットに自店を選んでもらうためには、別の評価軸を持ち出す必要があります。

◆KBFで評価軸を考える

そこで新たな評価軸を考えるヒントとなるのが、KBF（Key Buying Factor）です。KBFとは、「顧客が購買に踏み切る理由」です。

つまり、顧客は「何に、どのような価値を見いだしているために、対価を支払って手に入れようとしているのか」を見極めることです。わかりやすく表現すれば顧客が「買いたくなる理由」です。

ターゲティングにより顧客像が明確になっていればいるほど、実はKBFは自然に見えてくるはずなのです。価格・品質・サイズ・バリエーションなどの一般的な価値から検討を始めて、自社にしか提供できない価値、競合は提供しているけれども現時点で自社にはない価値などを網羅的に考えること。これによりKBFが浮かび上がってくるはずです。

KBFの洗い直しにより、新たなポジショニングを見いだした好例があります。ゲーム機の分野で新たなマーケットを開拓した任天堂の『Wii』は、極めて優れた例と言えるでしょう。

Wii以前のゲーム機は、「価格×機能性」や「ゲームソフトの数」といった軸で各社が競い合っていました。ところがWiiはゲーム機に、まったく新しい評価軸を持ち込んだのです。その新しい評価軸は操作性と家族（遊ぶ人数）でした。

従来のゲーム機で遊ぶためには専門的で高度な操作が必要だったのに対し（だからゲーム上級者からは支持されたわけですが）、Wiiは直感的に誰でも簡単に操作できます。また従来型ゲームが主に1人で楽しむものだったのに対して、Wiiのゲームソフトは家族など複数人で同時に楽しむゲームです。

ゲーム機にまったく新しい評価軸を持ち込み、明らかに他のゲーム機とは異なるポジショニングを取ることで、Wiiは他に比べようのないゲーム機となったのです。

ポジショニングマップの作成手順

◎オーディオプレイヤーのメーカーの例

KBF1：価格　KBF2：機能性

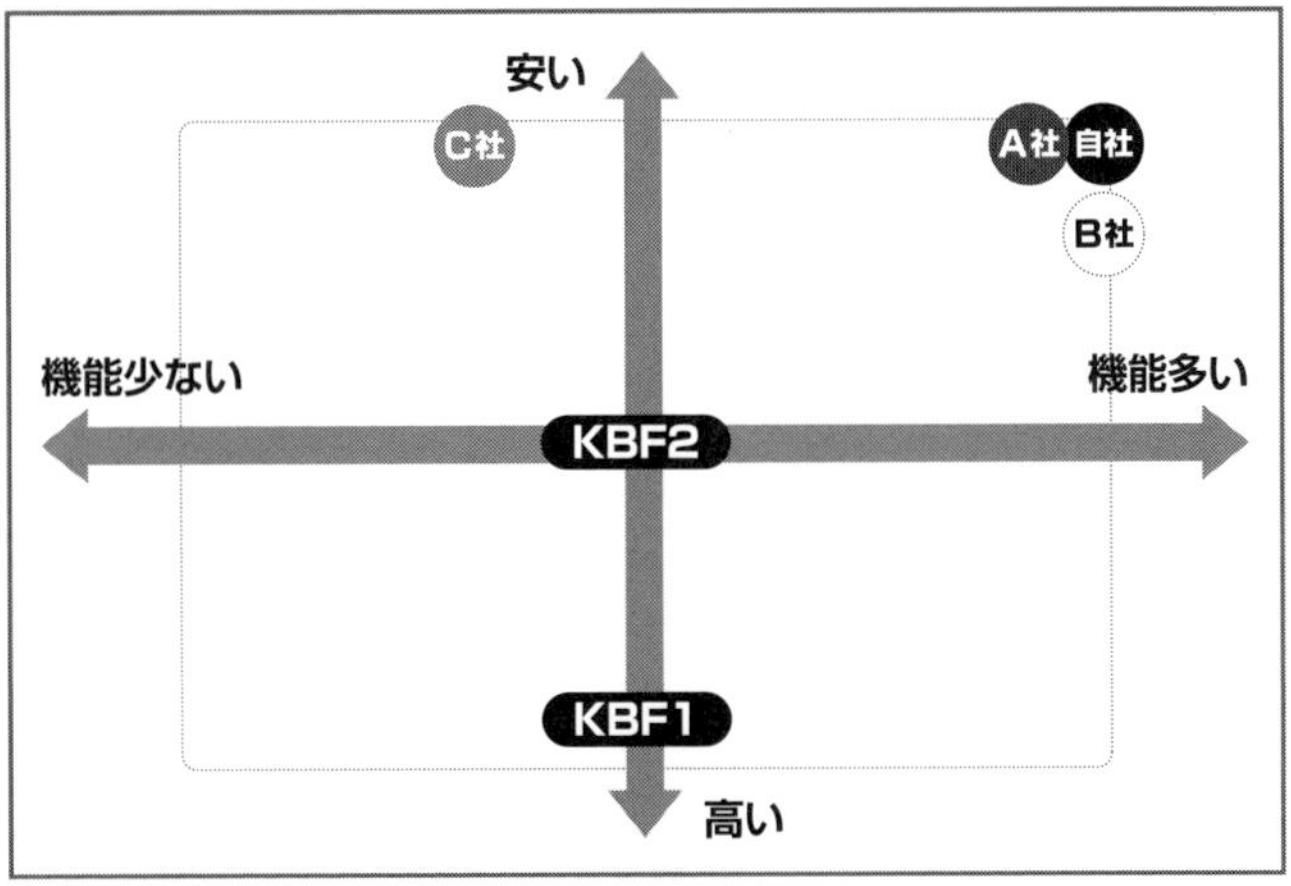

上のポジショニングマップでは、自社とA社・B社との違いがない。

新たな評価軸（KBF）で、再度マッピングすると…

KBF3：重量　KBF4：操作性

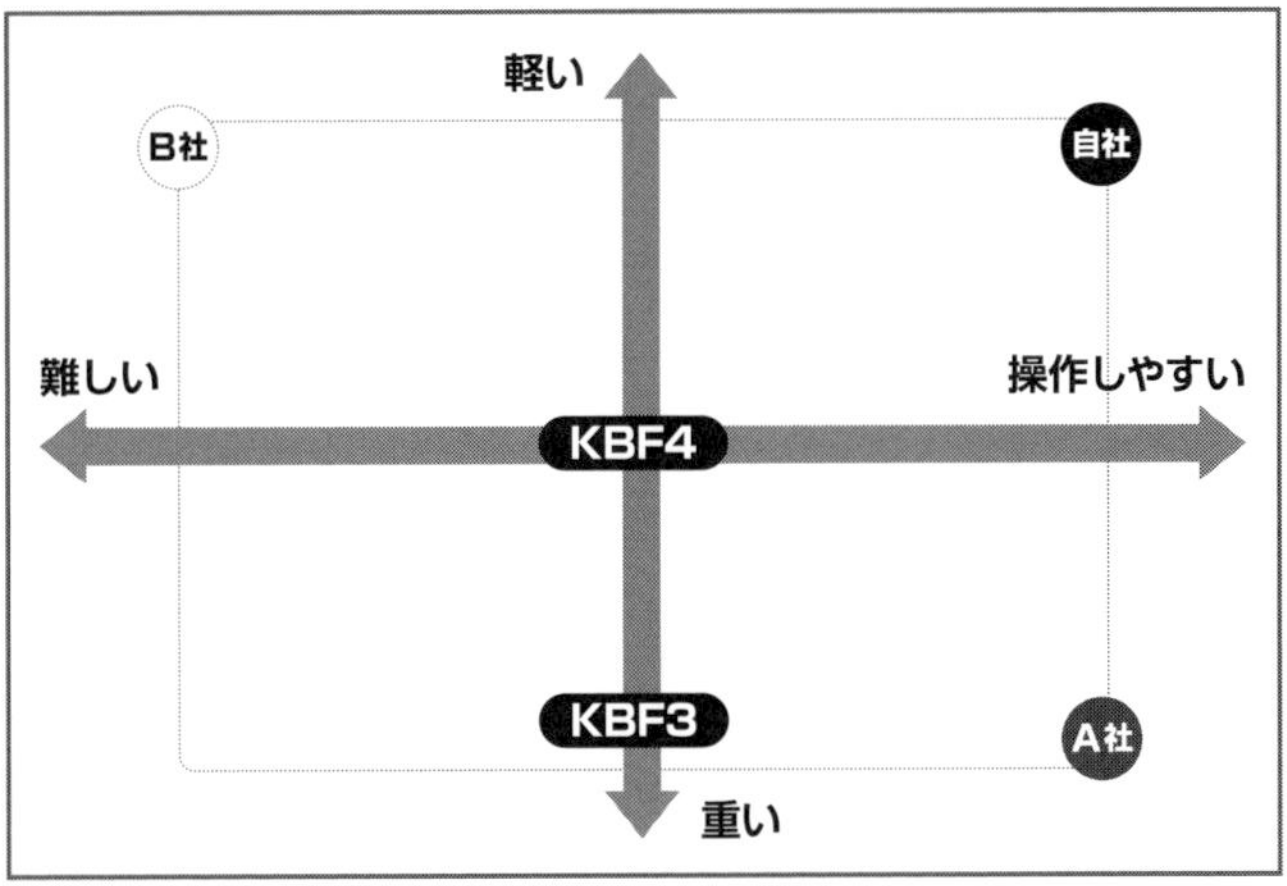

ポジショニングは納得するまで繰り返す

軸の取り方しだいで唯一のポジションを確保

ポジショニングで決定的に重要なのは、軸の取り方です。これひとつで、競合環境が一気に変わってしまうほど、競争軸の設定は重要です。

keyword
競争優位／カテゴリー

◆競合とポジショニングがかぶった場合

ポジショニングマップの軸出しを考えるときに、最も大切なことは、絶対に安易な妥協をしないことです。

前述したWiiは、おそらく製品開発初期の企画段階から従来型ゲームにはないポジションを狙っていたはずです。その結果が、極めて独創的なポジションの確立、引いては家族市場という新たなマーケット開拓にまでつながりました。

もっともWiiのような独創的なポジショニングが取れるのは、むしろレアケースと言えるでしょう。だからといって安易なポジショニングでは、競争優位を確保することはできません。軸出しは、一度でできるなどと決して考えないことです。しつこく何度でもやり直すこと。これなら間違いないという軸を見つけることが、独自のポジション確立に成功するためのカギです。

その意味で参考になるのが、ディスカウントストアの『ドン・キホーテ』の事例です。

ディスカウントストアというカテゴリーに分類されている時点で、価格が評価軸となりにくいことは自明の理。仮に価格で競うのなら、よほど特殊な仕入ルートでも持っていない限り、不毛な争いに陥ることは避けられません。であるなら、品揃えで勝負す

評価軸を変えて競合を回避する

◎マクドナルドに対するモスバーガーの例

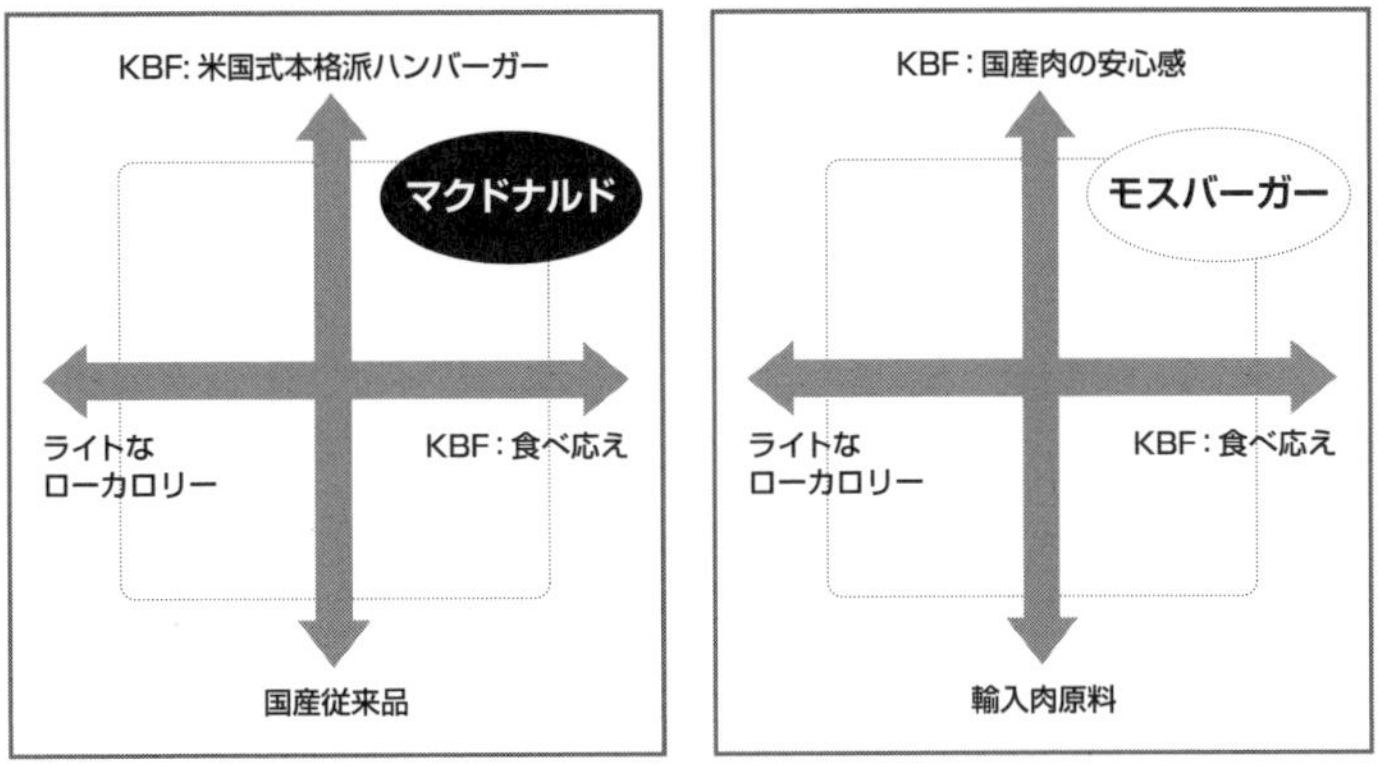

るか、あるいは他の要素で勝負するか。ここから先はあくまでも推測にすぎませんが、おそらくはドン・キホーテは軸出しを何度も何度もやり直したのではないかと考えられるのです。

しつこいほどの軸出しの結果、ドン・キホーテは遂に見つけたのです。同じディスカウントストア業界でありながらも、競合がまったく存在しないポジションを導き出す軸を。

それは商品陳列と営業時間の二軸でした。ドン・キホーテの商品陳列は「圧縮陳列」と呼ばれる独特のスタイルを採っています。従来のディスカウントストアでは、顧客が商品を見つけやすいよう品種別に、可能な限り規則正しく整然と陳列するのが常識でした。

これに対してドン・キホーテの店内はご存じのとおり、何がどこにあるのかが簡単にはわかりません。まさに複雑怪奇、店内は一種のカオス状態となっています。

ところが、これが客に受けました。顧客は何がどこにあるのかわからない商品陳列の中から、予想外のものを見つける楽しみや、意外な掘り出し物を探し出す楽しさを魅力と感じたのです。

◆軸を変えると競合を回避できる

ドン・キホーテが持ち込んだ評価軸の1つは、商品陳列でした。これは一見、「整然vs乱雑」という評価基準に見えます。しかしユーザーニーズから考えれば「(探しやすくて)便利vs(発見があって)楽しい」という軸としても成立します。

いずれにしても従来のディスカウントストアにはあり得なかった軸を持ち込むことで、ドン・キホーテは極めて独自性の強いポジショニングを確保しました。加えて、もう1つ、当時としては画期的ともいえる軸を考え出します。時間軸です。ディスカウントストアとしては異例の24時間営業に、ドン・キホーテは乗り出しました。

ポジショニングに時間軸を持ち込んだことにより、ドン・キホーテは同じ24時間営業の店、つまりコンビニエンスストアのユーザーに対しても、その存在をアピールすることに成功したのです。

ディスカウントストアでありながらも、商品陳列と営業時間という評価軸を持ち込むことで、従来の競合とはまったく異なる独創的なポジションを確保し、競合に明らかな差をつけました。同時にユーザーに対しては「コンビニに行くか、それともドンキに行くか」という新たな選択肢を提供することで、自店を訴求することに成功したのです。STPを考える上で、ポジショニングが最後のステップであり、いかに決定的に重要であることがおわかりいただけるでしょう。

では、G店のポジショニングに西村は、どのような評価軸を持ち出したのでしょうか。実は西村は時間帯により評価軸を変える戦略を採ったのです。夕食時は従来どおりのかゆいところに手の届く接客サービスを軸に取り、ランチタイムには好きなだけおしゃべりできる雰囲気を軸に取りました。これは変形の「二毛作店戦略」とも考えられます。

ドン・キホーテが持ち込んだ評価軸

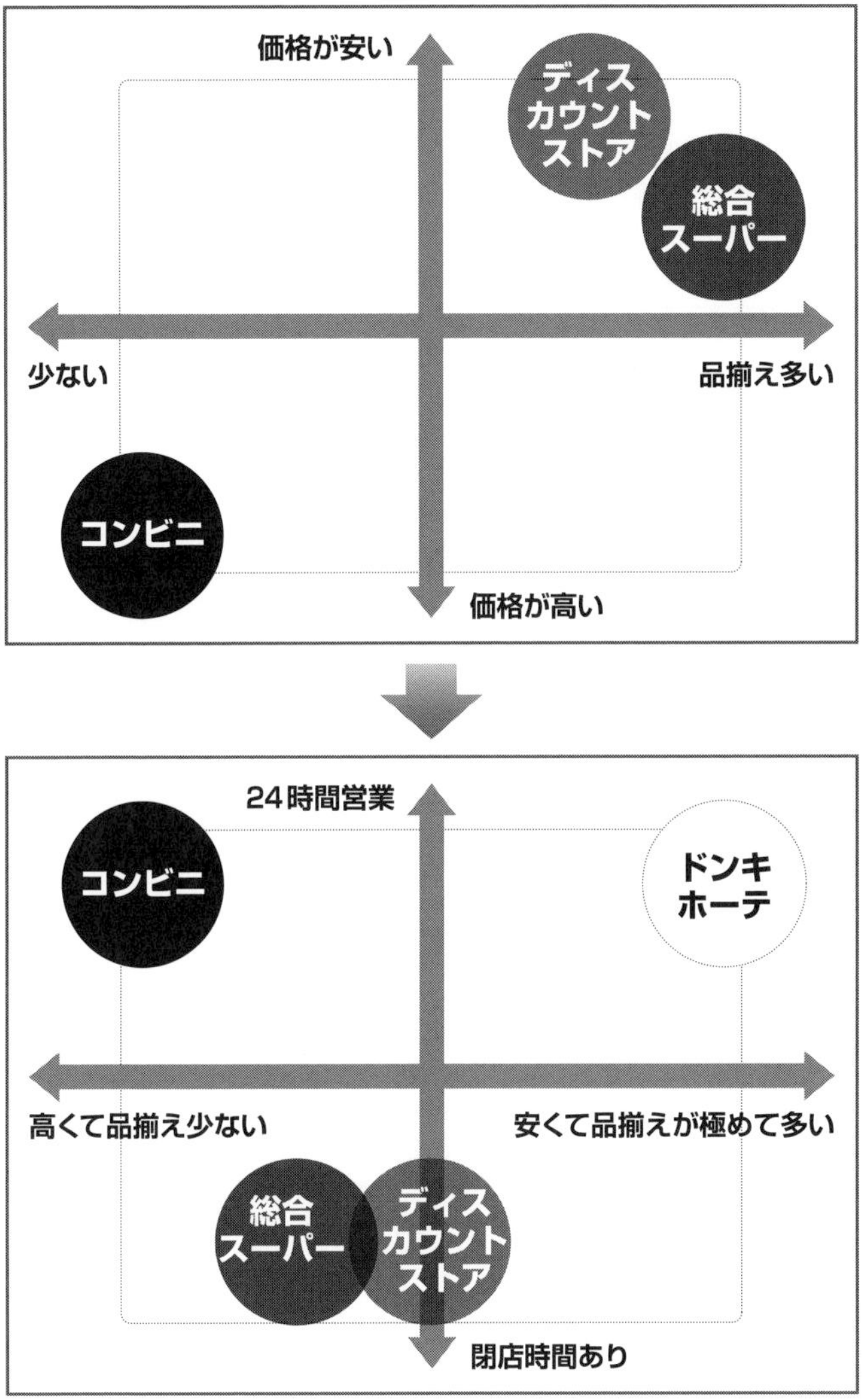

事例5 少子化が進み厳しい競争環境にある大学の中で、明確なＳＴＰ戦略で成功している金沢工業大学

POINT ・・・STP戦略

1 少子高齢化に代表される年齢別人口の環境変化は、最低でも20年先まで見通すことができる。
2 「環境分析」によって現在だけでなく将来まで見越し、「戦略立案」のSTPで独自のポジショニングを確立する。

年齢別の人口推移は確定した未来だ。少子化は確実に進んでおり、ほぼすべてのビジネスが人口減少の影響を受ける。過当競争に陥っている大学で、早くから将来を見越し、極めてオリジナリティの高い戦略を確実に実施することで、成功しているのが金沢工業大学のケースだ。

予想されていた未来図

少子化が進み、18歳人口はこの30年間で劇的に減った。団塊ジュニア層が18歳だった頃にはざっと２００万人いた若者が、30年後の平成23年度には１１９万人にまで減っている。30年間で約80万人の減少、市場規模が6割に縮んだ

ことになる。18歳人口のすべてが大学に進むわけではないが、この間に大学数は昭和60年の４６０校が、平成21年には７７３校にまで増えている。

ターゲットが6割に減る一方で、競争相手が１・７倍まで増えているのだから、大学経営は厳しさを増す一方だ。実際、開校したものの学生が集まらずに廃校に追い込まれる大学も出ている。

いま大学関連では何が起こっているのか。１つには大学進学者数の大幅な増加がある。大学・短大への現役進学率は昭和60年の30％が、平成19年には51・2％まで上がっている。高校生の２人に１人が大学に現役で進む時代なのだ。しかも入学試験を突破して大学に入る学生は、合格者の４割程度と言われている。残りの６割は各種推薦制度やＡＯ入試に加えて付属校などからの内部進学である。

しかし、ある年の18歳人口は少なくとも17年前には読める。年齢別の人口推移は確定した未来である。大学の中には早くから将来の少子化を見越して、着実に戦略転換を図ってきたところもある。その代表とも言えるのが金沢工業大学だ。同校は朝日新聞社が発行する『大学ランキング２０１１年版』によれば、学長からの評価で教育分野が6年連続1位、高校からの評価でも全国16位である。あるいは卒業生に目を向ければ、２００８年度の就職率は実に99・5％、約7割が上場企業、大手企業、公務員に就職している。２００９年度はリーマンショックの影響を受けたが、それでも就職率は95・4％である。

地方の工業大学が成功した理由

断っておくが金沢工業大学は国立大学ではない。地方の私立工業大学である。その偏差値も50弱とけっして高いわけではない。ただし、ここ数年で私立大学工学部が軒並み偏差値を落としている中で、同校はほとんど落ちていない。地方の私立、それも工業大学でありながら、素晴らしい健闘ぶりを見せている理由は、その優れた戦略にある。

同校はいち早く１９９５年から工学教育の改革に取り組んできた。将来の少子化を見越し、地方の工業大学が生き残るための改革である。改革を徹底するために、多くの教職員をアメリカに長期研修に行かせてもいる。そして取り組んだ工学教育の特長をひと言で表すなら、研究よりも教育に力を注ぐことだ。偏差値が低いということは、入学してくる学生たちの数学や物理などの学力がおぼつかないことを意味する。しかし、工学大学に進むだけあり、そもそも理数系を毛嫌いする生徒ではない。伸び代はあるのだ。こうした学生たちに徹底的に教育を施す。だから学力が大きく伸びる。

学力が伸びて自信を得た学生たちのモチベーションは、いきおい高まっていく。そこで自由に研究をさせる。同校では数々のプロジェクトを学生が主体的に運営し、一部の学問分野では学部生が学会に参加し、並みいる一流国立大学の教授の前で堂々と研究成果を発表することもある。学生の伸ばし方が極めてうまいのだ。しかも地方大学のデメリットをうまくメリットに転化してもいる。つまり遊ぶところが少ない環境だから、学生は自然と勉強するようになる。

工学系の基礎を、実技を含めてみっちりと叩き込まれ、4年間を勤勉に過ごした学生は、企業からすれば喉から手が出るほど欲しい人材である。同校の教授によれば「本当なら大学院に残したい学生から先に就職が決まっていく」のだ。

同校のＳＴＰ戦略を整理すると、次のようになるだろう。まず偏差値50弱の工業大学、それも地方都市金沢という立地がある。けれども隣接する福井、富山はもとより、全国47都道府県からまんべんなく入学者を集めている。これは地道な営業努力の結果だろう。これが功を奏して、全国の高校からの評価では、「生徒に勧めたい」26位、「進学して伸びた」16位（いずれも母数は全国７７３校である）と高い評価を得ている。

狙うのは偏差値50弱で理数系志望の高校生たちだ。この層が実は、教育しだいで伸びる可能性が非常に高く、潜在力を秘めている。入学後は、徹底した教育を施し、伸びる喜びを与え、それをモチベーションに変える。企業にとって役立つ人材を育成する。ポジショニングは『教育付加価値の高い大学』である。

同時に企業に対してブランド価値をアピールするために、社会人を対象としたＫＩＴ虎ノ門大学院を開講し、スター教授を揃えたブランディングにも取り組んでいる。総合的に練られたＳＴＰ戦略の見事な成功事例である。

第4章のまとめ

1 SWOT分析から導き出された戦略のどれを選ぶのか。この時点での意思決定が勝敗の帰趨に大きく影響します。慎重な検討と思い切った決断が求められます。

2 セグメンテーションのポイントは、絞り込みです。自社が提供できる価値は、どのニーズに刺さるのか。顧客ニーズを徹底的に追求します。

3 セグメンテーションができれば、ターゲットは自ずと浮かんでくるはず。ターゲットを具体的な人物像まで落とし込み、関係者で共有することが必要です。

4 具体的な戦略とはポジショニングを決めること。競争環境の中で、自社はどこを目指すのか、顧客から見た魅力は何か。徹底的に突き詰めます。

MATOME

第5章

PORTER × KOTLER

どこを、どう直せば、来てほしい客が喜ぶのかね

［施策立案①］価値構造を見直し、新たな製品戦略を作る

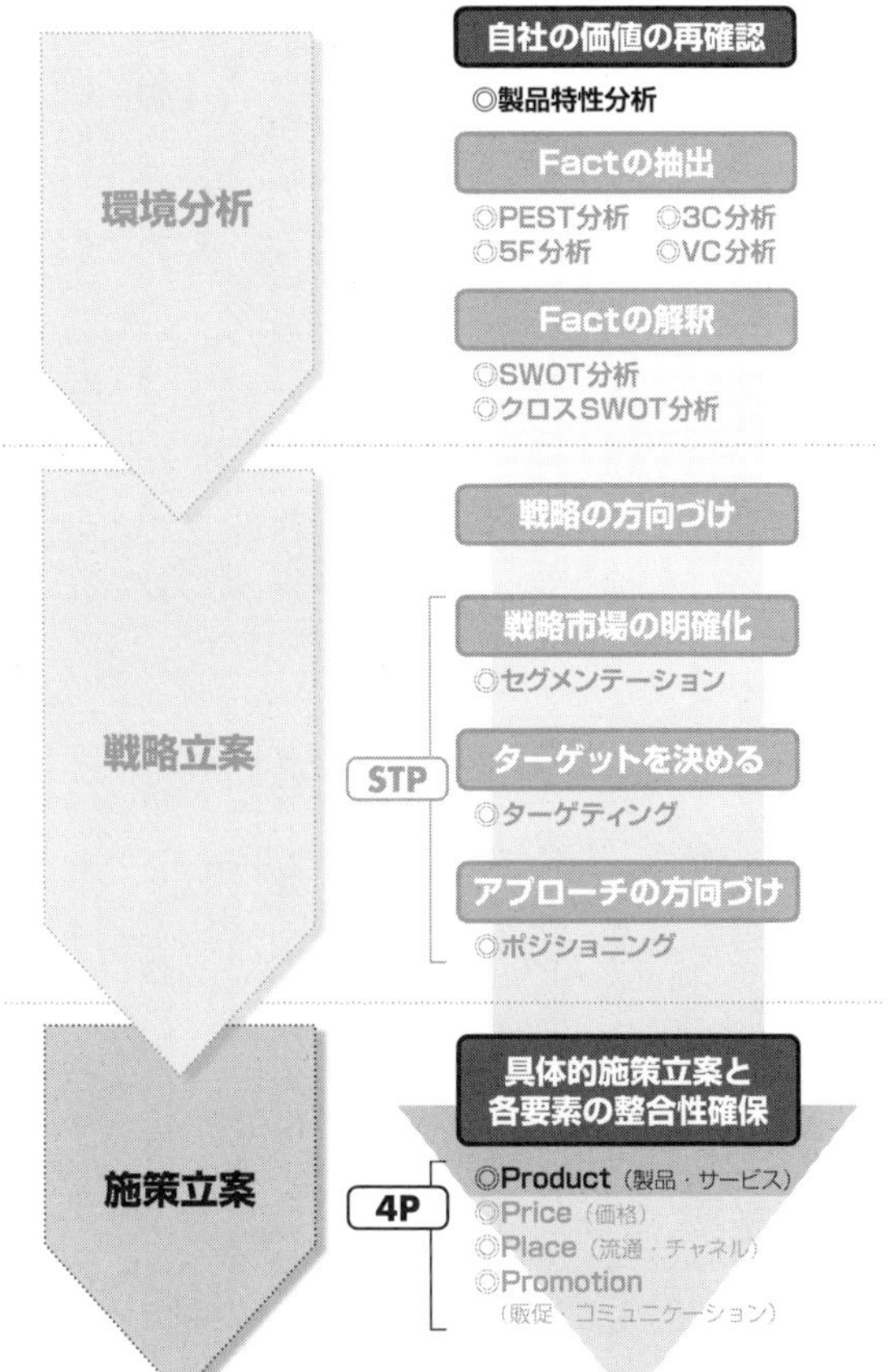

マーケットリサーチ

マーケットを実査して見えてくるもの

戦略の方向性が決まり、いよいよ4Pを考える段階まで来ました…が、ここでひと手間をかけます。マーケットを自分の五感で感じることで、見えてくるものがあるのです。

keyword
マーケットリサーチ

◆マーケットリサーチのすすめ

　STPが固まったことで、ようやく西村はG店の今後の戦略立案までこぎつけました。マーケティングの流れを最初から綿密に見直してきた結果、新たなターゲットとポジショニングも見つかっています。いよいよ次のステップは、具体的な施策の立案、つまり4Pを考えることです。

「ここまでやってきてよくわかったと思うが、マーケティングをきちんと考えることは、実はとても面倒くさい作業なんだ」—意気込む西村に、いま一度竹森がアドバイスします。

　価値、ニーズ、ターゲット、競合、顧客、強み／弱みと、さまざまなフレームワークや分析手法を使ってきましたが、結局は同じようなことを少しずつ切り口を変えていただけのように思えるかもしれません。実際それは、そのとおりなのです。マーケティングを突き詰めれば、「価値と対価を交換するプロセス」です。そのプロセスがビジネス、つまり自社の事業になるのです。

　したがって、勝つためには、事業を展開する上でのさまざまな要因を細大漏らさず考えた上で、確実に勝てる策を導き出さなければなりません。ここにマーケティングの真髄があるのです。多面的に考え抜かれた案ほど、成功する確率が高くなるのです。

マーケットリサーチの種類

	郵送留置	電話	グループインタビュー	デプスインタビュー	インターネット
質問量	○	△	◎	◎	○
サンプルの偏り	○	◎	○	○	△
回収速度	△	◎	○	○	◎
回収率	△	○	◎	◎	○
コスト	○	○	△	△	◎

ＳＴＰまでが明確に定まった後は、具体的な施策（４Ｐ）を考えるプロセスに移るわけですが、その前に1つアドバイスがあります。

ターゲットがどんなところに住み、どんな暮らしをしているのかを、一度自分の目で見て確かめてくるのです。そして、彼らに自社のポジショニングをひと言で伝えるとすれば、どんな言葉になるかを考えてみます。そうすることは、具体的な施策を決める上で示唆に富むヒントとなります。

このようなアドバイスを、西村は竹森からされたのですが、これは単なるマーケットリサーチではありません。マーケッターよりもむしろコピーライターやデザイナーなどのクリエイターが、広告制作にとりかかる前によく行う作業です。

前章でペルソナを設定したのも、可能な限り具体的なターゲットイメージを描くことで、彼らにどのようなメッセージを、どのように表現すれば、最も的確に伝わるかを考えるためです。幸いG店のような飲食ビジネスでは、ペルソナに頼らずとも商圏内のターゲットを実際に目の当たりにすることが可能です。だから竹森はリサーチをすすめたのです。

◆ひらめいたコンセプト

西村はリサーチに出かけました。G店から歩いて20分ぐらいのところに広がる住宅地には、ターゲットの多くが暮らしています。このエリアで宅地開発が始まったのは１９８０年頃からでした。日本経済の好調ぶりを反映して開発された高級住宅街は、どこも最低70坪はある敷地に、明らかに注文建築によるものと思われる立派な家が並んでいました。

エリア内を歩いた西村は、いくつかのことに気づきました。たとえば空き家になっているところがぽつぽつとあること、一方で子ども用の遊具や三輪車などが置いてある家が予想以上に多いこと、近隣にスーパーマーケットはあるものの、ここに暮らす人たちが好んで行きそうな喫茶店や飲食店がほとんどないことなどです。

一軒だけ感じがよさそうなカフェがあったので入ってみると、ほぼ満席状態です。店内は女性が７割に、常連客らしい年配の男性客が３割程度で賑わっていました。

「この混雑ぶりではランチを食べた後に、ゆっくりと寛ぐことはできないだろうなあ。いま見てきた住宅地の、いかにもまったりとした雰囲気とは、かなりかけ離れている」

そう独り言をつぶやいた西村の頭に、何かが引っかかりました。引っかかったのは、何気なくつぶやいた言葉「まったり」でした。

ターゲットが求めているのは「食事を楽しみながら、まったりと過ごせる時間」ではないのか。西村がこれまでにG店で見かけた富裕シニアの顔が浮かんできました。どの顔も、ただうまいものを食べることや、酒を飲むことを求めているようには見えません。余裕を持ってリタイアした人たちに共通する、あるムードが漂っています。そのムードを言葉にすれば「まったり」。G店のポジショニングをひと言で伝える言葉は「まったり」だったのです。

マーケットリサーチ実施までの手順

1 調査目的の明確化

1）明らかにすべきことは何か
2）具体的にどのようなデータが必要なのか?

2 調査仮説の立案

1）「検証すべき仮説」を明確にする
2）収集すべき情報、取捨選択の基準を定める
3）仮説の中に先入観が混じっていないか確認する

3 調査の設計

1）調査対象（サンプル）を設定する
2）調査の質問・回答方法・選択肢などを設定する
3）調査手法を選択する

4 調査の実施・分析

マーケティングミックスと製品戦略

4Pはどうやって考えるか

4Pの各要素は、すべて連動しています。さらに、これまで組み立ててきたマーケティングの流れとの整合性も考える必要があります。

keyword
マーケティングミックス／Product／3層モデル

◆4Pはしつこく整合性を考える

4Pの各要素であるProduct（製品・サービス）、Price（価格）、Place（流通・チャネル）、Promotion（販促・コミュニケーション）は、それぞれが密接に絡み合っています。4Pを考えるとはすなわち、ターゲットユーザーが価値を認める商品（Product）を、彼らが値打ちがあるとうなずける価格（Price）で、手に入れやすい体制を整え（Place）、最も伝わりやすいメディアを使って知らせる（Promotion）こと。そこで必要なのは各要素の整合性です。

たとえば、G店が集客のためにチラシを配る場合を考えてみましょう。G店の商品性や価格帯を考えれば、チラシのデザインをファストフードのような安っぽいものにすることはあり得ないはずです。あるいはキャッチコピーに「激安！」などの言葉が使われることもないでしょう。なぜならそのようなプロモーションでは、他の3つの要素との整合性がとれないからです。

最終的な施策は4Pの組み合わせを考えることです。これを「マーケティングミックス」と呼びます。

マーケティングミックスを考える際に、重要な判断基準の1つとなるのが「整合性」です。製品、価格、売り場、広告のバランスが悪いと、ターゲットは購買意欲を刺激されません。そこで、まず意識し

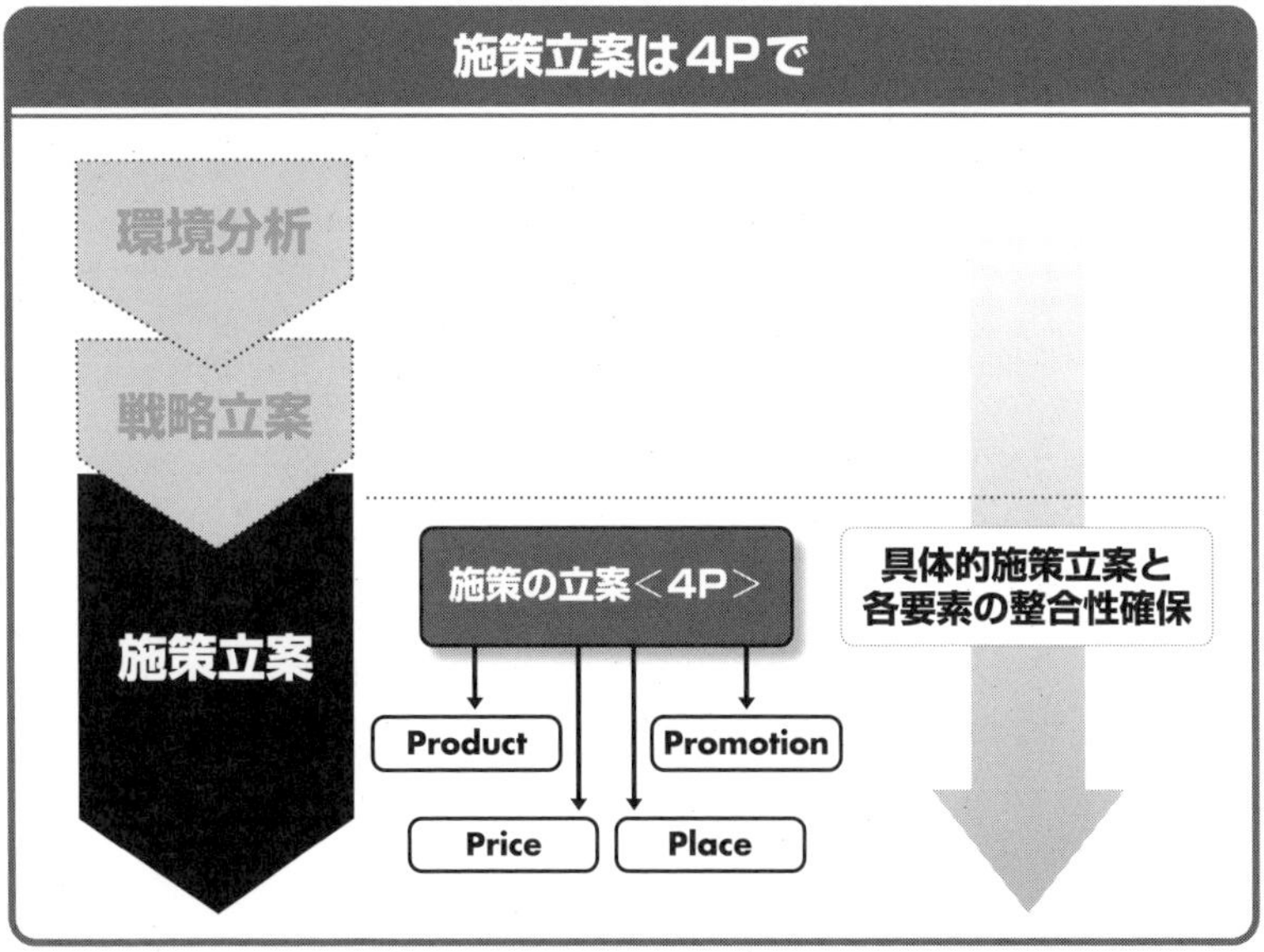

ておかなければならないのが、４Ｐの各要素の間の「横の整合性」です。

ただし、整合性を考える対象は４Ｐ間だけにとどまりません。これまで考えてきたマーケティングの流れを思い出してください。マクロ／ミクロの環境分析に始まり、５つの力分析やバリューチェーン分析までを行ってＳＷＯＴ分析でまとめ、市場機会を見いだしてＳＴＰを考えてきたはずです。

その最終的な結果としての４Ｐなのです。したがって、４Ｐは、その上流過程にあるすべての要素との整合性をとること、すなわち「縦の整合性」を確認することも忘れてはならないのです。

◆製品を価値の3層モデルで考える

４Ｐでまず最初に考えるのはProduct＝製品戦略です。第１章で説明したように、製品こそは価値の集合体、顧客が対価を支払う対象です。これはコトラーの「中核」「実体」「付随機能」からなる３層モデルで考えます。

おさらいしておくと、中核価値はその製品やサービスで顧客が手に入れる便益、実体価値は製品の特性を構成する要素、付随機能は中核価値には直接影響を及ぼさないものの、それがあることにより製品の魅力が高まる要素のことでした。

一般的な外食であれば、中核価値は食事（料理）、実体価値は味や素材、付随機能はサービスや清潔さ、あるいは店の雰囲気などです。

一方、飲食店を構成する要素はQuality（料理そのもの）、Service（接客サービス）、Cleanliness（清潔さ）、Atmosphere（雰囲気）でした。つまり中核価値、実体価値、付随機能は、ＱＳＣＡの組み合わせ方で決まります。ただし、各店ごとの戦略によって、ＱＳＣＡそれぞれのレベル設定の仕方とその組み合わせ方は千差万別、つまり飲食店の場合はここが差別化ポイントとなるわけです。

◆価値の見直しと新たな価値

Ｇ店の場合、以前の中核価値は「食事をしながら楽しく過ごす時間」、実体価値は「きめ細かな接客サービス」、付随機能が「落ち着きのある内外装」でした。ただし、この場合のターゲットとして想定されていたのは主に富裕シニアでした。

ＳＴＰの戦略立案を見直した結果、新たに30歳以上の主婦を中心とする女性グループがターゲットに加わりました。このターゲットとの接点はランチです。したがって、この女性グループにとっての中核価値は、「食事とおしゃべりの時間」となるはずです。女性は、シニアより食事内容に対する期待値が高く、食事中から食後に至るまで「まったり」と楽しくおしゃべりできることが重要なポイントです。

このように新たなターゲットを設定することで、中核価値から、実体価値と付随機能を見直す必要が出てきます。

さらには富裕シニアに対する価値構造も見直す必要があります。道交法の改正による来店手段を奪われた彼らのために、なんらかの来店手段を提供することが付随機能となります。

縦の整合性と横の整合性をとる

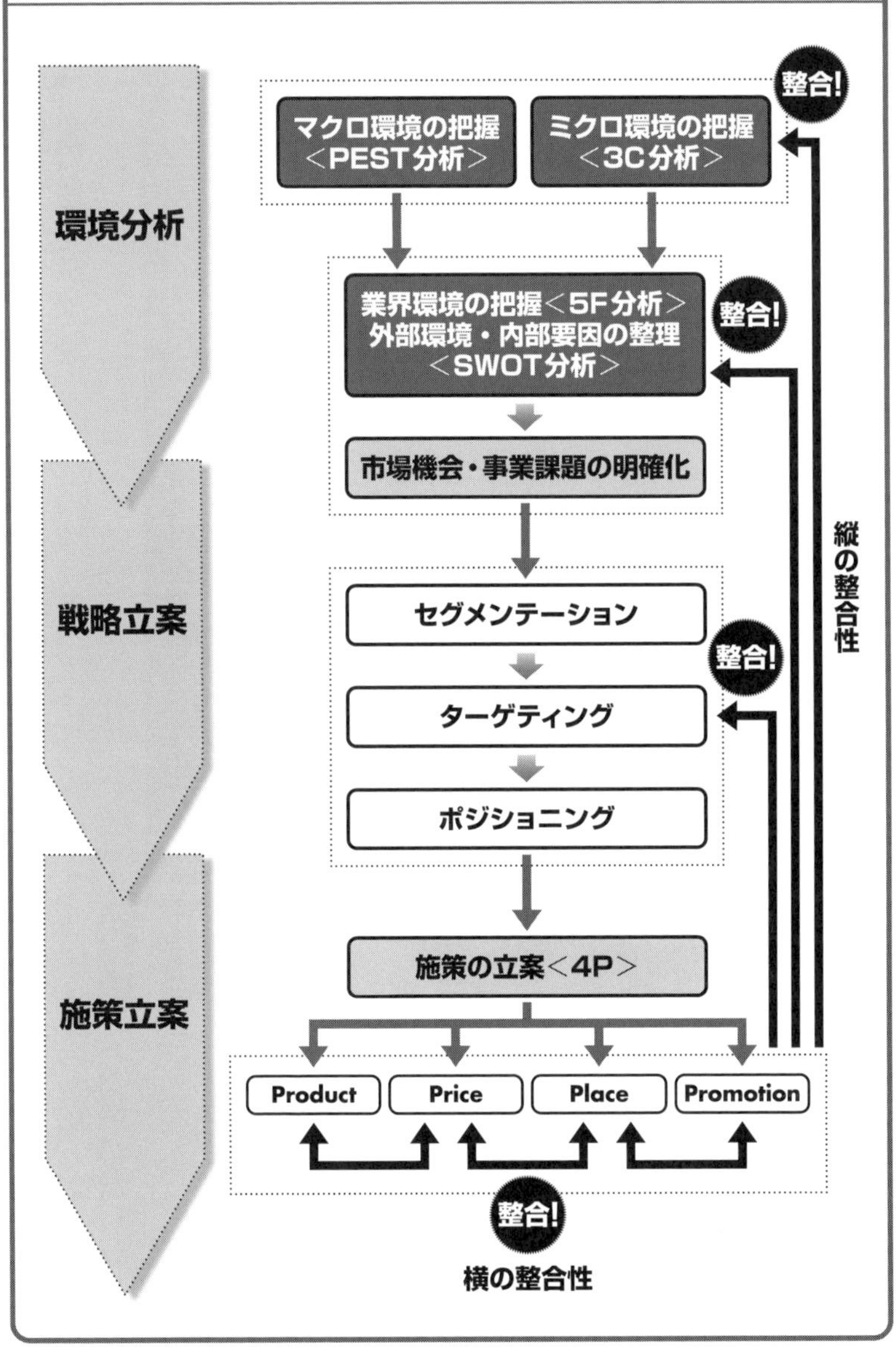
環境分析
戦略立案
施策立案
マクロ環境の把握
＜PEST分析＞
ミクロ環境の把握
＜3C分析＞
業界環境の把握＜5F分析＞
外部環境・内部要因の整理
＜SWOT分析＞
市場機会・事業課題の明確化
セグメンテーション
ターゲティング
ポジショニング
施策の立案＜4P＞
Product
Price
Place
Promotion
整合!
整合!
整合!
整合!
縦の整合性
横の整合性

製品ベネフィットを見直す

価値構造を組み替えて考える

価値構造は柔軟に考える姿勢が大切です。実体価値に注目して、そこから考えうる中核価値を見いだすのも、参考になるやり方です。

keyword
価値構造

◆実体価値から別の中核価値を見つける

競争環境の変化、それに伴ってSTPつまり基本戦略が変化すると、製品の価値構造についても見直しが必要となります。

また、一方では価値構造を見直すことで、新たな製品コンセプトが見えてくることもあります。このケースの興味深い事例が最近のカラオケボックスの展開に見られます。

東京都心部のカラオケボックスの中には「会議室利用」をベネフィットとして打ち出すところが出てきました。考えてみればカラオケの部屋は会議室として最適です。

まず防音が施されているので外に音が漏れる心配がありません。会議に参加する人数に応じて部屋の大きさを選ぶことができます。社内の会議室は予約で埋まっていることが多く、急な会議には場所がないことがよくあります。そんなときに近くに会議室利用ができるカラオケボックスがあれば、とても便利です。あるいは、社内でも限られた人だけで行う秘密会議なら、最初から社外で行ったほうが秘密が漏れるおそれがありません。カラオケに備えつけられているモニターに、持ち込んだパソコンをつなぐことができれば、プレゼンテーションルームとしても使えるでしょう。しかもドリンクは飲み放題など、

カラオケボックスの価値構造とコンセプト

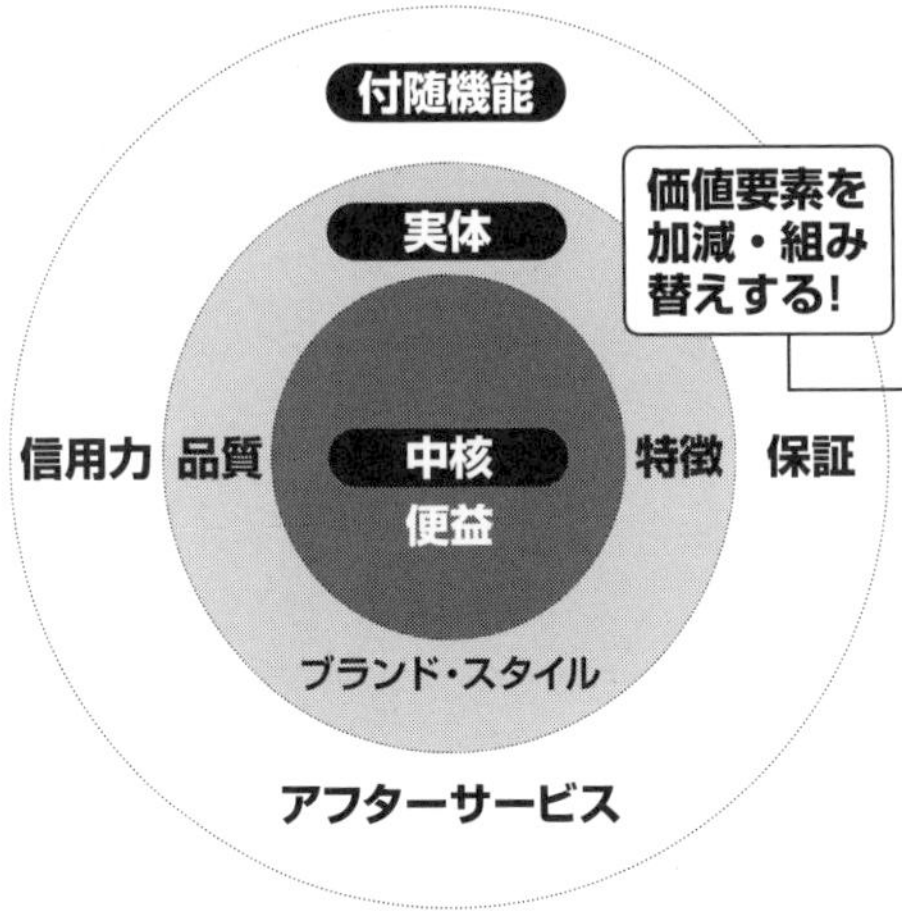

中核価値

歌が歌える

実体価値

個室・防音・
カラオケマシン

付随機能

飲食の提供・採点機能・
鳴り物

コンセプト
Who ＜誰が使うのか？＞
When ＜いつ使うのか？＞
Where ＜どこで使うのか？＞
How ＜どう使うのか？＞
Benefit ＜便益は何か？＞
Why ＜なぜ、その便益が 実現できるのか？＞

新たなカラオケボックスコンセプト

歌を歌わない
会議室利用としてのカラオケボックス

カラオケマシンを使わない
楽器練習スタジオとしてのカラオケボックス

最近のカラオケボックスは食事も充実しています。ランチミーティングにも使える可能性があります。

おそらくは、実際にカラオケボックスをそうした用途で使うビジネスマンがいたのでしょう。そこにボックス側が目をつけたのです。自社製品（＝カラオケボックス）に自分たちが気づいていない便益があることを、ユーザーが教えてくれたわけです。

カラオケ本来の価値構造から考えれば、中核価値は「歌を歌う」、実体価値は「個室・防音」、付随機能は「飲食提供」となります。ところが実体の「個室・防音」に注目することで、ユーザーのほうで勝手に新たな中核価値を見つけてくれたのです。それが「会議をすること」「プレゼンをすること」あるいは「一人で集中して仕事をすること」などです。

このニーズの芽を見逃さなかったカラオケボックスは、昼間限定のサービスとして会議室利用を打ち出したのです。フロントに貸し出し用のホワイトボードを用意し、室内大型モニターへのパソコン接続もできるようにしました。オフィス街隣接立地のカラオケなら、どうせ昼間はアイドルタイムです。であるなら、どんな形であれ使ってもらえば、その分売上が上がります。

あるいは防音ルームのみのレンタルを打ち出す業者もあります。会員になれば使用料金が学生や60歳以上と同額に割り引かれ、会議室や座談会などのオフィスユースに加えて楽器練習にも使えることなどをアピールしています。確かに実体価値の「個室・防音」に着目すれば、「楽器練習」も中核価値となり得ます。近ごろ増えてきたオヤジバンドの練習スペースとして活用することも考えられます。

◆付随機能もターゲットにフィットさせる

ここで再度、G店の価値構造を見直してみましょう。カラオケボックスの事例から学べるのは、実体価値を起点に中核価値を考え直すやり方です。異なるニーズを持つターゲットに対しては、1つの実体価値から異なる中核価値を提供できる可能性があるのです。

実体価値から見えてきたG店の新たなターゲット

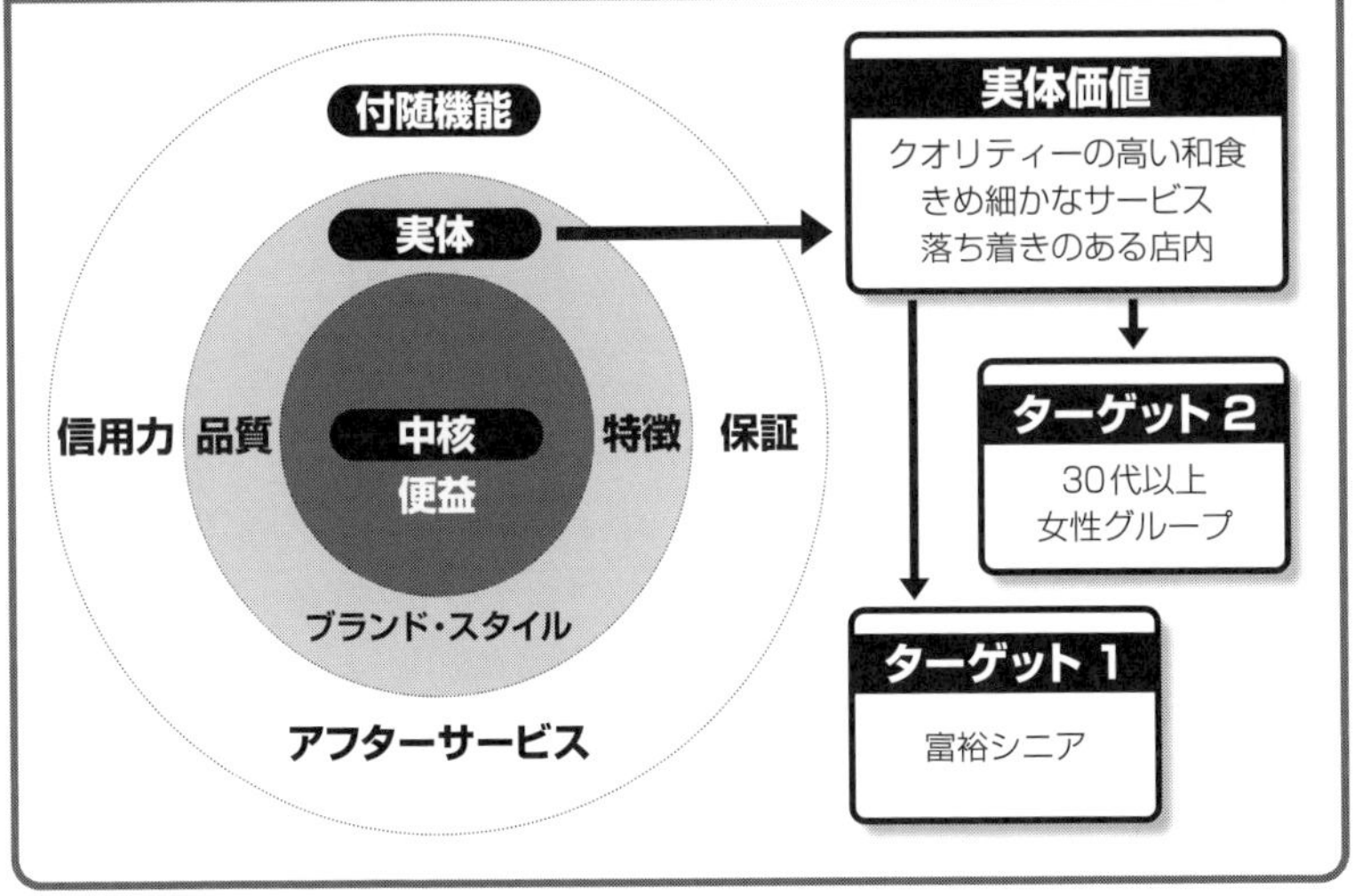

ではG店の実体価値に注目するとどうなるでしょう。仮に実体価値を「クォリティの高い和食ときめ細かなサービス、落ち着きのある店内」と設定します。するとどんな中核価値が見えてくるでしょうか。

富裕シニアに対しては、「お酒を楽しみながら楽しく過ごす時間」が中核価値となるでしょう。30代以上の女性グループに対しては、「ランチを楽しみながら楽しくおしゃべりできる時間」です。

いずれもキーワードは「時間」、その時間を表現するコンセプトは「まったり」です。付随機能は、富裕シニアに対しては「なんらかの送迎サービス」が考えられます。女性グループに対しては「食事後に時間を気にせずにおしゃべりを楽しむためのなんらかのサービス」です。

西村が考えを詰めた結果出てきた新たな製品が、富裕シニアに対しては「送迎メニュー」、女性グループに対しては「キッズコーナー設置」と「スイーツバイキング」でした。

事例6

画期的な価値創造が難しいコモディティ分野で、緻密なリサーチと分析で新たな切り口を開拓したシャンプー

POINT ・・・価値創造

1　市場と顧客の変化、顧客が従来製品に感じる負のニーズから、新たなターゲットセグメントを行い、成熟した製品ジャンルにおいても差別化は可能。

2　チャレンジャーは特定セグメントに狙いを絞って、市場を切り崩す戦略を採る。

低経済成長下、「売れない時代」に必要なことは、まずは顧客をよく見ることに尽きる。顧客の抱えた「不便・不満・不自由」などの「不」の字から「ニーズ」をすくい取ることだ。そのために必要なことは、市場と顧客の変化を確実につかむこと。ヒット商品の事例を見てみよう。

TPOから引き出した新たなターゲット

「からまりやすいお子さまの細い髪も、さらさらする！親子で使えるトリートメント」。2009年2月に発売された花王のシャンプー『メリットさらさらヘアミルク』が好調だ。シャンプーをはじめとするヘアケア製品は、完全

に成熟しているため、機能的な価値で差別化を打ち出すことは難しいと思われている。実際にその通りなのだが、では、そこでどう勝負するのか。

使用シーンに新たな切り口を設定することで「親子」というターゲットを、浮かび上がらせたのが花王『メリットさらさらヘアミルク』だ。同社は丹念なマーケットリサーチの結果、女児のヘアスタイルが変化していることをつかんだ。ひと昔前までは小学生、それも特に低学年の女の子などは、おかっぱ系のヘアスタイルが多かったのだが、母親のファッションセンスの変化に伴い、小学生ぐらいから凝ったヘアスタイルをする女の子が増えてきたのだ。その傾向をまとめるならセミロング化である。

ここに花王はビジネスチャンスを見いだした。子どものロングヘアは、くし通りが悪いために、ヘアセットの際に髪がよく絡まってしまう。なぜなら子どもの髪は大人と比べて細く、柔らかいからだ。一般的に女児の髪の毛は、成人女性のだいたい半分ぐらいの太さとコシしかないという。

そこで髪をさらさらにするためには、どうすればいいか。トリートメントをすればいいわけだ。ところが、オシャレな女の子が増えているとはいえ、小学生で（それも低学年なら余計に）トリートメントを自分でする女の子はレアケースである。実際に花王の調査によれば、女児のトリートメント使用率は2割程度に留まっていたという。

ターゲットに応じた新たなコンセプト

そこで花王が考案したのが「親子で使う」というコンセプトだ。子ども向けトリートメントについては、ユーザーは子どもだが購買者は母親になる。母親には「子どもの髪が絡まる問題を解消したい」ニーズがある。そこで同社の看板ブランドである「メリット」のブランドエクステンションとして『メリットさらさらヘアミルク』を発売した。

『メリット』ブランドは、発売開始以来すでに約40年の歴史を持つ。当初のターゲットとポジショニングは「フケ・かゆみを抑える若い女性向けシャンプー」だった。これが2000年頃からは「家族の髪と地肌の健康を守るシャンプー」へと軌道修正を図り成功している。家族のためのシャンプーとしてはトップブランドのポジションをキープし続けてきたのだ。

これを受けて「家族のため」の延長線上にある「母と子が使う」ことを訴求ポイントとした。これが同シャンプーの成功のカギである。しかも親子で使えるシャンプーブラシまで開発し、子どもの細い髪でも絡むことなく洗えるようサポートしている。

この花王の成功事例を見て戦いを挑んだチャレンジャーが、資生堂『スーパーマイルドシャンプー』だ。花王がお母さんと女の子なら、資生堂はお父さんと男の子である。その背景には、いわゆる「イクメン」ブームがある。子育てに力を入れるお父さんが増えている流れに乗るため、資生堂は「育児期の父親と子どもの楽しい入浴を応援する『パパフロ』

キャンペーン」まで展開している。入浴中の遊びを提案する12種類のカードを店頭で配布し、ワークショップも開催する。普段から父子入浴を実践している芸能人を「パパフロ」大使に任命する。同社のサイトには「パパフロプロジェクトは、吉本興業株式会社の『PaPaPARK! プロジェクト』とともに、パパフロカードや、ワークショップの開催など、育児を楽しむ男性（イクメン）を応援しています」と記されている。

『メリット』がトップブランドとして非常に強いリーダー商品であるため、それに真っ向から勝負を挑むのは決して得策ではない。むしろ『メリット』が先に広げてくれた新しい市場、つまり「親子で髪を洗う」シチュエーションに「イクメン」ブームを組み合わせたのが、スーパーマイルドの展開である。チャレンジャーはトップ企業に正面からぶつかるのではなく、特定セグメントに狙いを絞って切り込むのが定石である。チャレンジャーは全面戦争を避け、勝てるところで勝たなければならない。そのために「チャレンジャーは、リーダーの10倍頭を使え」が鉄則である。

日本のような成熟市場、しかも人口が減っていく市場では、新規顧客を獲得するのは容易なことではない。そこでの戦い方としては、常に対リーダーを意識し、リーダーが確保している市場をいかに切り取るかが重要な課題となる。

リーダー企業の花王が、新たなターゲット像を開拓するや否や、それを少しずらしたターゲットに狙いを定めて勝負に出た資生堂。親子シャンプーを巡る争いは非常に興味深い。

第5章のまとめ

1 自社マーケットについて、自分なりの感覚をつかんでおくこと。コストをかけて調査会社を使わなくとも、自分の肌感覚でわかることがたくさんあります。

2 4Pを考えるのは最終ステップです。ここで間違わないためには、4Pに至るまでのプロセスとの整合性を外さないこと。同時に4Pの各要素間にも整合性が求められます。

3 環境の変化に対応して価値構造を見直すことで、新たなビジネスチャンスが見えてくることがあります。

MATOME

第6章

PORTER × KOTLER

メニューと価格は、どう変えるのがよいのかね

［施策立案②］決定的に重要な価格戦略

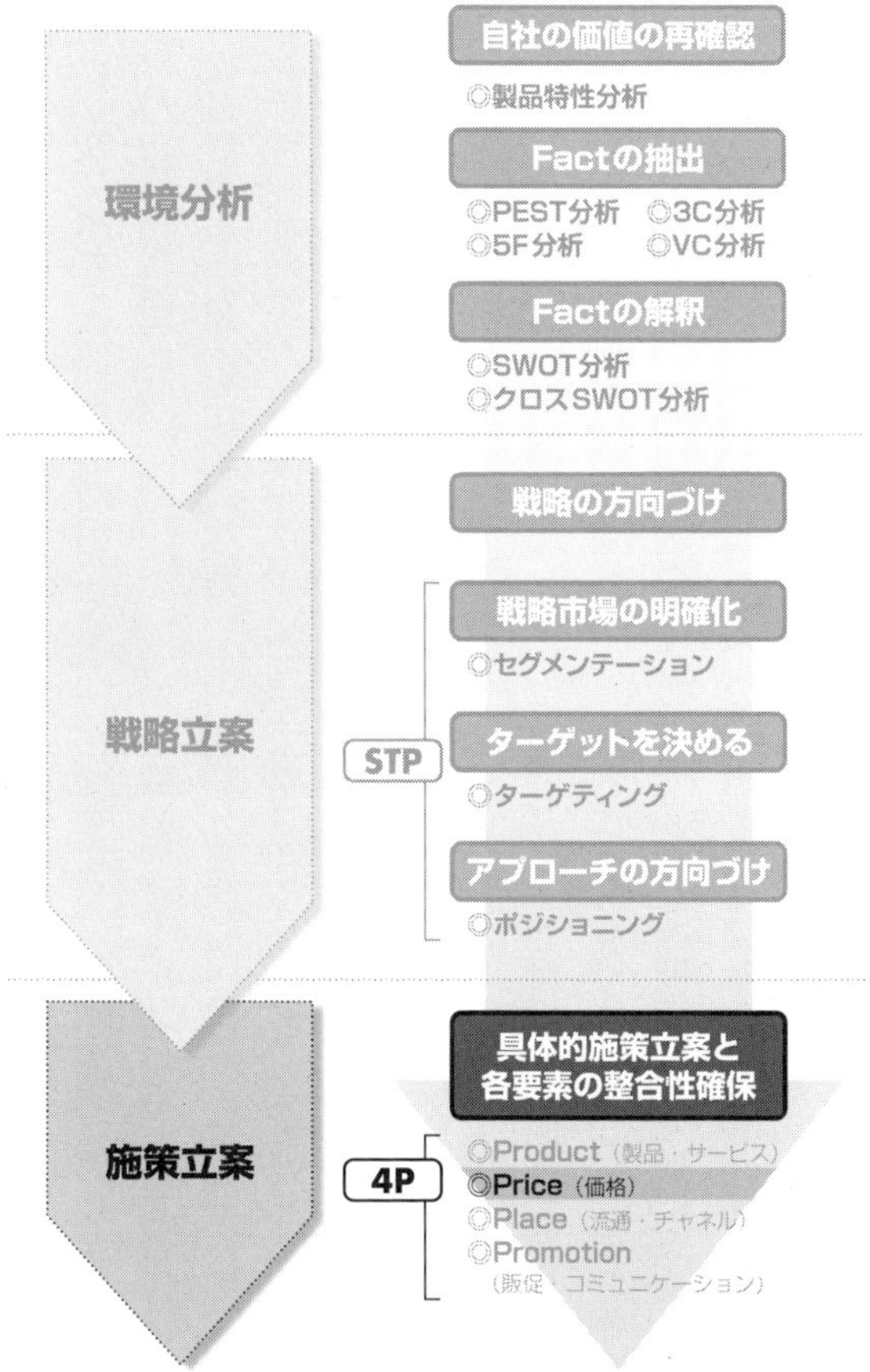

価格戦略の基本
価格を決めるときに必要な3つの視点

企業収益を直接左右するのが、製品価格です。必要な利益を確保しながら、顧客に支持されるためには、どのような価格戦略が望ましいのでしょうか。

keyword
価格戦略／売上高営業利益率／原価志向／需要志向

◆価格設定の3C

製品戦略が決まれば、次に考えるのはその製品に対する価格設定、すなわち価格戦略です。

価格戦略こそは、収益を直接左右する決定的な要因です。なぜなら4Pの他の要素である製品作り、販路構築、広告販促展開は、すべてコスト要因となるからです。唯一の収入源となる価格戦略を間違うと、最悪の場合、コストを回収することさえできなくなります。

価格設定で何より大切なのは、再び3Cの視点を意識することです。まず自社視点、そして顧客視点と競合視点です。

価格設定における自社視点とは、原価ベースで価格を考える「原価志向」の視点です。

製品やサービス提供に要するコスト（原価＝減価償却分を含む固定費＋変動費）に、利益をどれだけ上乗せするかを考えて価格を算出します。G店のような飲食企業の場合なら、一般的な売上高営業利益率は平均9%程度とされます。したがって、これを1つの目安として考えていくことになります。

ただし、原価に平均的な利益を上乗せした価格を顧客がどう受け止めるかは、自社視点とはまったく次元の異なる問題です。仮に同一商圏内にいる顧客に対して、自社と同じレベルの価値をより低価格で

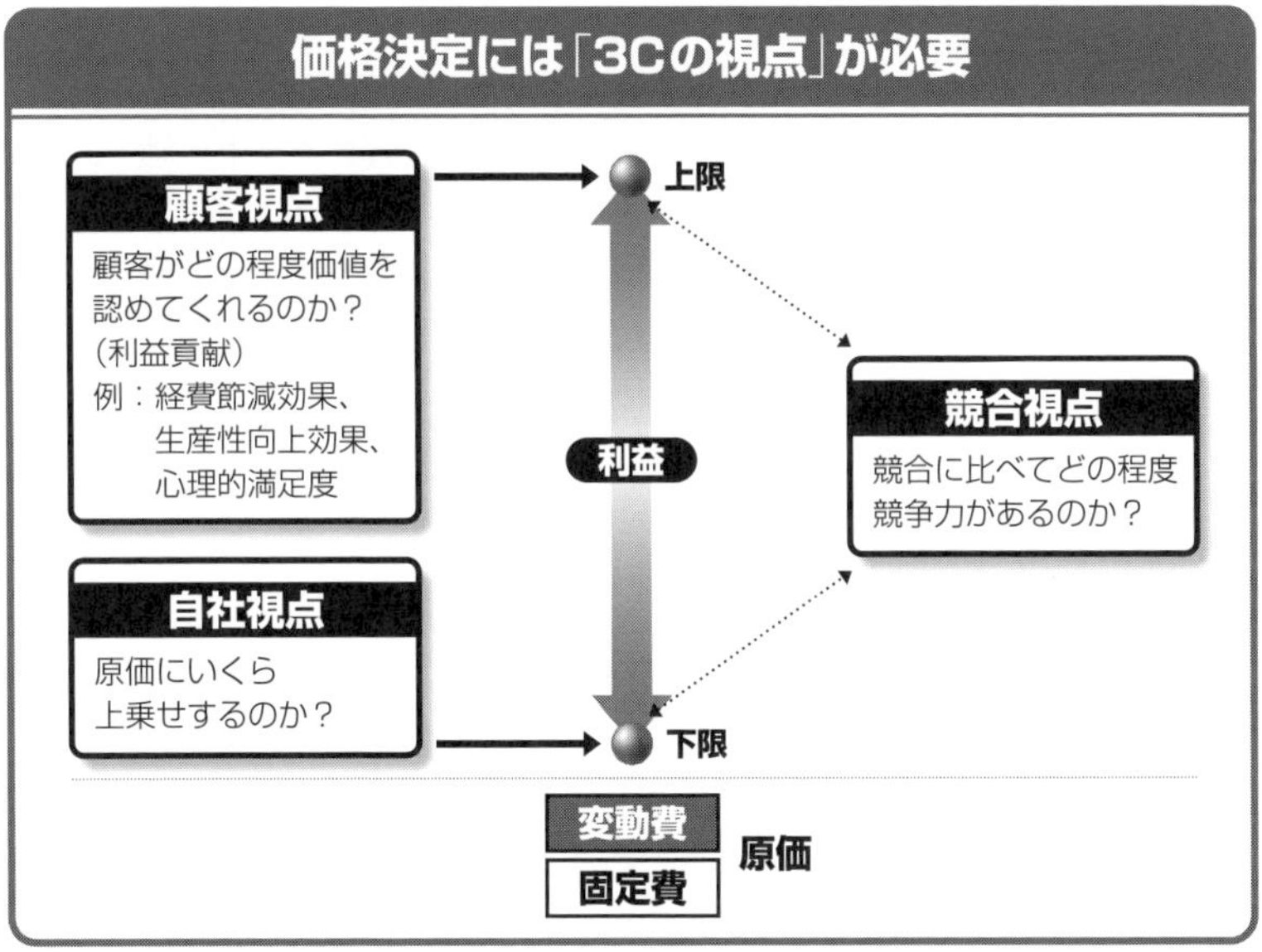

価格決定には「3Cの視点」が必要

提供する競合店がある場合、顧客は自社の製品価格を相対的に「高い」と感じるでしょう。

価格戦略を考える上で外せないポイントは、顧客の感覚があくまでも相対的であること。この点に注意する必要があります。

◆顧客の受け取る価値と競合の存在

次に顧客視点の価格設定で重要なのは、顧客がその製品にどれだけの価値を感じてくれるかを考える「需要志向」の視点です。

実はこの点が、ひと口にマーケティングと言ってもBtoCとBtoBで決定的に異なるポイントです。BtoBの場合なら顧客は、対価を支払うこと（＝投資）に対して得られる価値（＝投資対効果）を徹底的に合理的に判断します。そのため売り手もある程度、合理的なプライシングを前提として競合との比較優位を探っていくことになります。

ところがBtoCの場合は、顧客の判断基準は、極端に言えば一人ずつ異なります。さらに同じ一人の顧客でも、その時どきの状況により判断基準が変わる場合もあります。これがBtoCマーケティングにおける価格戦略では、非常に難しいポイントです。

しかも顧客は常に競合と比べて価格を判断します。今のようなインターネット社会では、インターネット普及前と比べた顧客の情報武装量は、数百倍に高まっているといっても過言ではないでしょう。「調べたいアイテム＋価格」で検索すれば、直ちに価格情報からその商品内容までが一網打尽に手に入る時代です。自社の価格は常に競合との比較にさらされていることを前提に価格戦略を考える必要があります。

◆カップヌードルの誤算

価格設定の失敗事例としてカップヌードルの例を紹介しましょう。

日清食品は、２００８年に小麦価格が高騰したことを受けて、カップヌードルの卸価格を15円値上げしました。原価ベース（＝自社視点）で、日清食品が必要とする利益を確保するためには、これだけの値上げが必要だったのです。

これにより希望小売価格は１５５円から１７０円に引き上げられ、店頭実勢価格は88円だったのが１１８円になりました。実に末端では30円の値上げとなったのです。

その結果は惨憺たるものとなりました。売上は値上げ前月と比べてほぼ半減してしまったのです。もちろん前月の売上には、値上げを知った消費者の駆け込み需要が含まれているため、値上げ当月の落ち込みは相対的に大きくなっています。

しかし競合となるプライベートブランド品は、依然として88円から高くても１００円未満の価格を維持していたため、カップヌードルの割高感は致命的なレベルとなったのです。

カップヌードルはカップ麺のパイオニアであり、発売以来のナンバー１ブランドとして固定客をがっちりとつかんでいました。それでも価格戦略を間違うと、顧客離れを招いてしまうのです。

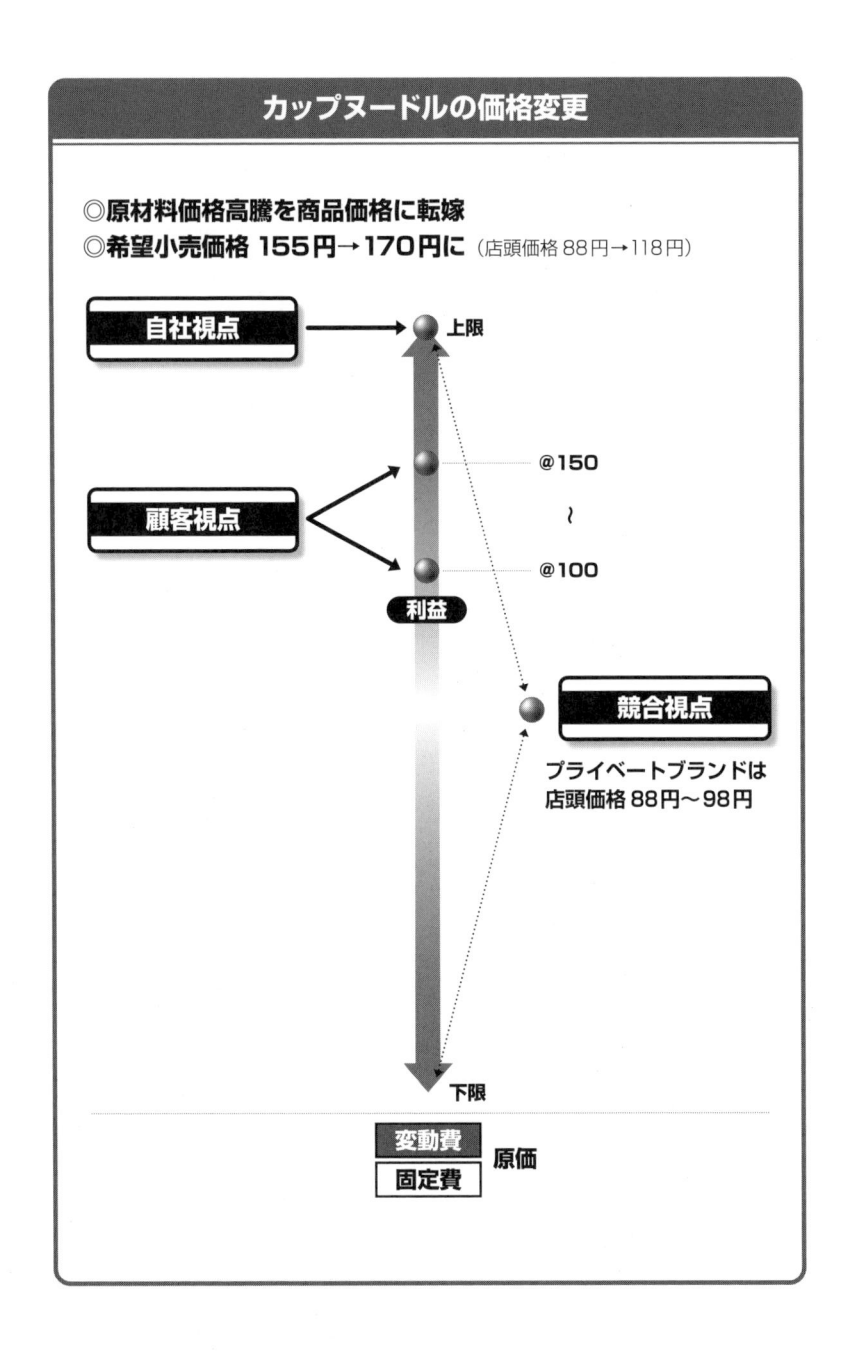

カップヌードルの価格変更

◎原材料価格高騰を商品価格に転嫁

◎希望小売価格 155円→170円に（店頭価格 88円→118円）

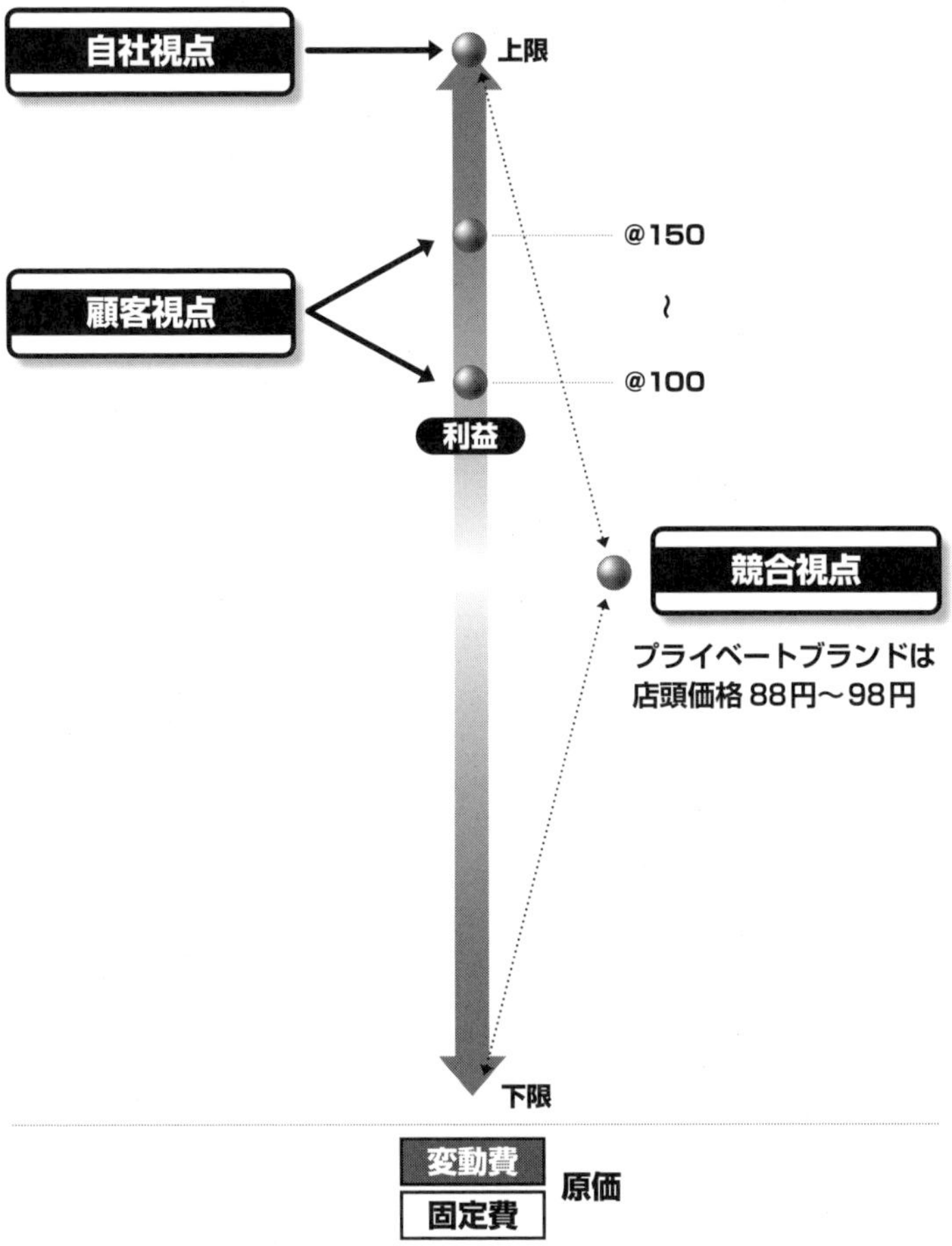

顧客視点の価格設定

顧客にとっての価値が価格を決める

価格決定の最終判断基準は、顧客視点です。競合環境、顧客のニーズ、製品の価値構造などを総合的に判断して、価格を決めることが重要です。

keyword
知覚価値価格／需要価値価格

◆知覚価値価格と需要価値価格

価格戦略については、自社視点と競合視点を勘案した上で、顧客視点である「需要志向」を最終判断の基準として考えていきます。ただし顧客視点の見極めは、実際問題として極めて難しいものです。どのように顧客視点を想定すればよいでしょうか。

顧客視点の需要志向に基づく価格設定には、２つのやり方があります。「知覚価値価格設定」と「需要価値価格設定」です。

「知覚価値価格設定」は、事前にマーケティングリサーチなどを行い、該当する製品・サービスに対して顧客が買ってもいいと感じる価格帯を明らかにします。そして、この価格帯を基準として、その中で必要な収益を確保できるよう逆算して原価の見直しを図るのです。

これに対して「需要価値価格設定」は、市場セグメントごとに価格を変えるやり方、すなわち一物多価方式です。最もわかりやすい例が缶ジュースの価格設定に見ることができます。缶ジュースは通常、町中の自販機では１缶１２０円で売られています。ところが同じモノが映画館の中では２００円、富士山なら５００円で売られることもあるでしょう。顧客のニーズと競合環境しだいでは、一物多価も許容されるのです。

需要価値設定の例

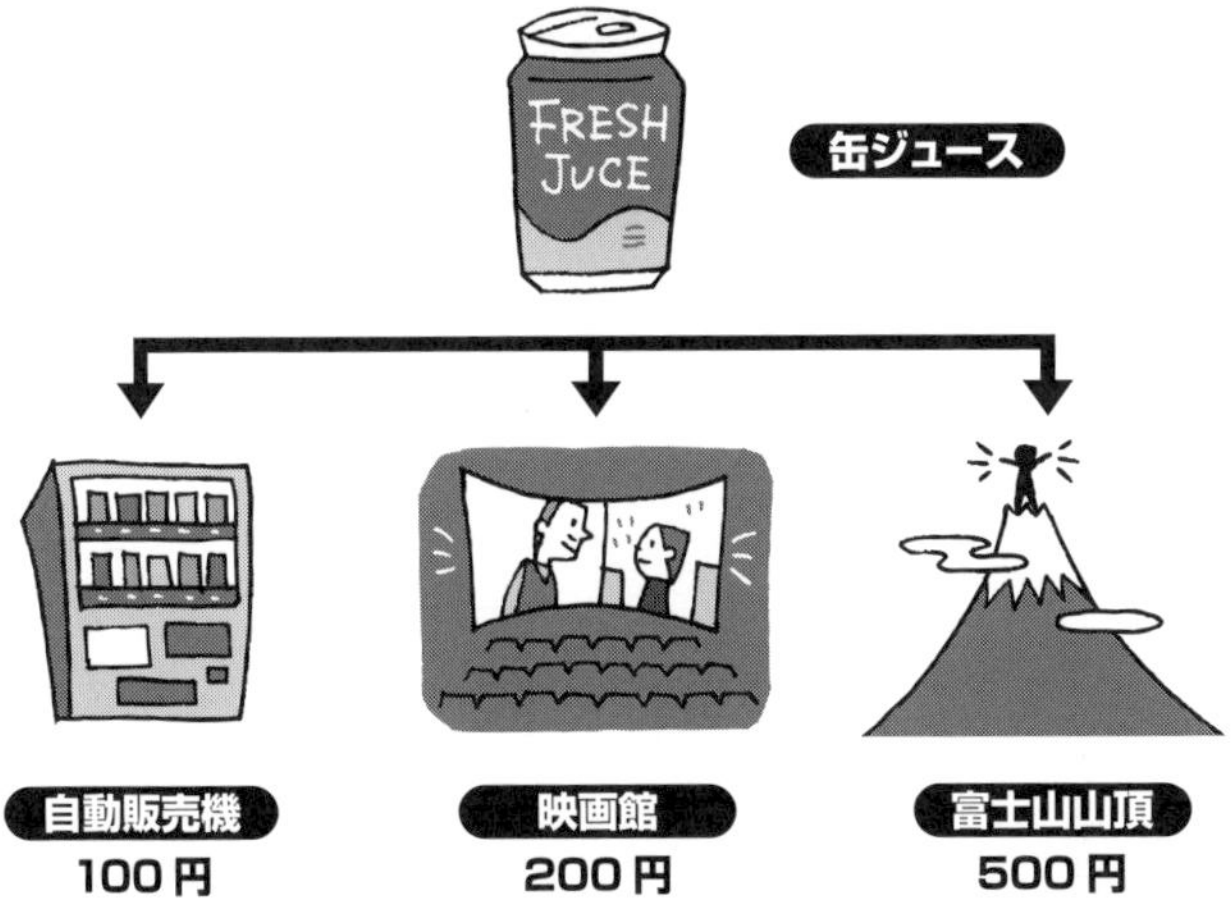

需要価値価格設定でカギとなるのが、提供製品に対する顧客の価値評価を、可能な限り正確に把握すること。これにより競合に対する競争力を維持しながら、利益を最大化する価格戦略を採ることができます。

◆需要価格設定の決め手は顧客ニーズ

顧客のニーズと現状のギャップに注目して、価格アップに成功した事例があります。スーパーの鮮魚売り場で、客のオーダーを受けてから鮮魚を焼くサービスです。

焼き魚そのものは以前からスーパーで販売されていました。しかし、これはあらかじめ焼かれた魚であり、焼いてから時間が経っているため冷めています。当然、焼きたてに比べると味が落ちることは否めません。しかも焼かれている魚の種類が限定されています。ここにユーザーニーズとの大きなギャップがありました。

満たされていないユーザーニーズは「好きな魚を

選んで焼きたてを食べたい」ことです。だからといって「自分で焼く手間はかけたくない」あるいは「そもそも自分で魚を焼いたことがない」ためにニーズは満たされていませんでした。すなわちギャップが生じていたのです。

このニーズギャップを埋めるべく導入されたのが、店頭で鮮魚を焼くサービスです。といっても無料ではありません。焼く手間により100円から300円程度の手数料を取るのです。顧客からすればわずかな対価によりニーズが満たされるのだから、手数料支払いを当然のことと考えます。店にとっては新たな収益源が生まれたことになります。しかも魚を焼く時間、顧客が店内を回遊してくれれば、それだけ売上が上がる可能性もあります。

◆価値構造と価格の関係

顧客が製品価値をどのように評価するかを知るためには、製品の価値構造分析を使います。清涼飲料を例にするなら、中核価値は「喉の渇きを癒すこと」です。これだけならミネラルウォーターで十分、その価格は100円です。

では、渇きをどのように癒すのか。ミネラルウォーターは基本的に無味無臭です。これを好む人もいれば、なんらかの味やスカッとした喉ごしなどその他の付加価値を求める人もいます。そこで果汁や炭酸が加えられます。これにより味がよくなったり、喉ごしがすっきりしたりすることなどを実体価値と考えれば、こうした飲料の販売価格150円とミネラルウォーター100円の差額50円分が、実体価値を反映する価格となります。

これがさらに、いわゆる「特保飲料」になるとどうなるか。特保飲料には体脂肪を燃やすなどの効果がありますが、これは飲料本来の中核価値である「喉の渇きを癒す」こととはまったく関係がありません。脂肪を燃やすことは本来の飲料にとっての付随機能です。特保飲料の平均価格が190円ぐらいであることを踏まえれば、付随機能の価格は実体価値の50円プラス約40円となるわけです。

飲料の価値と価格の関係

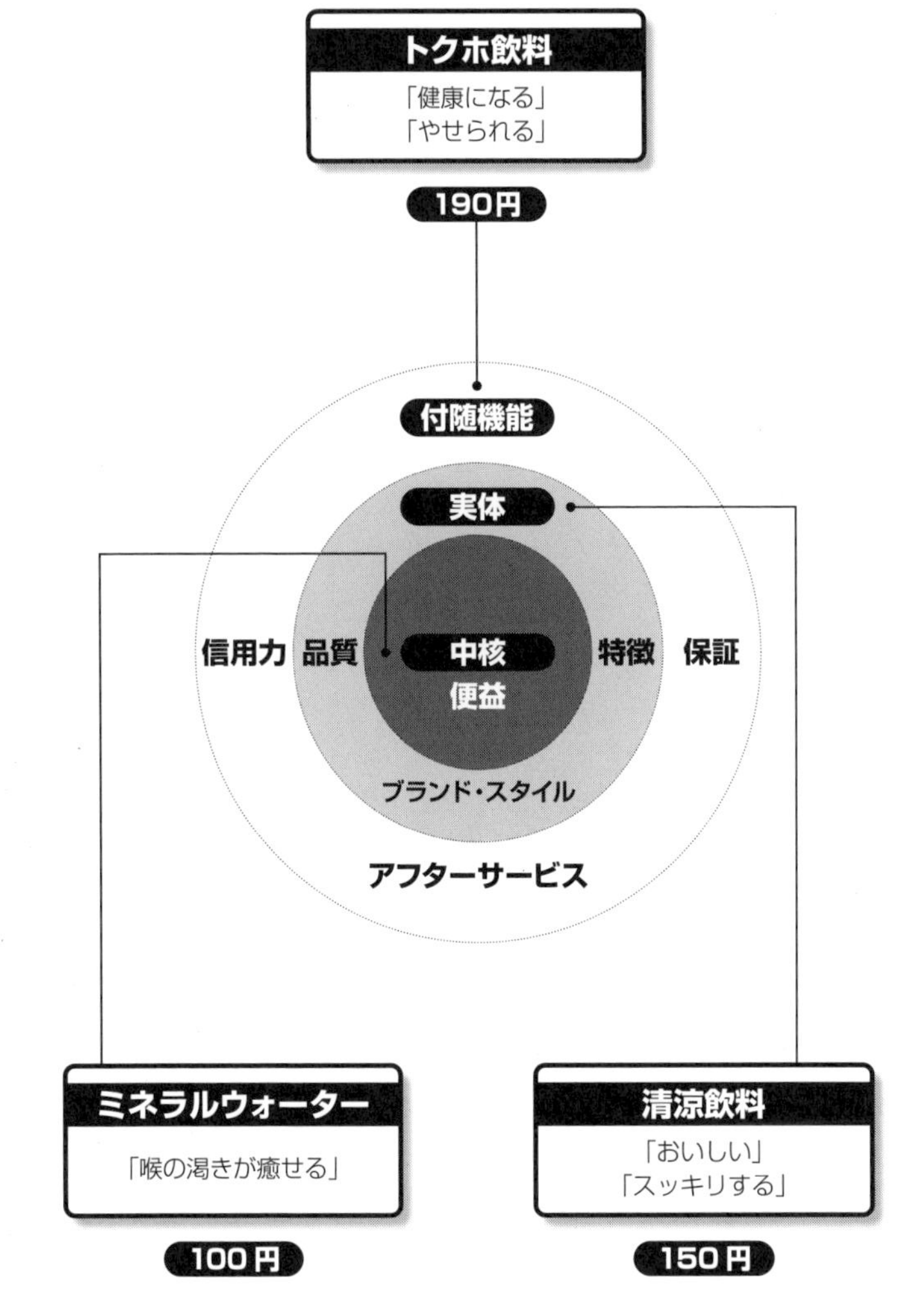

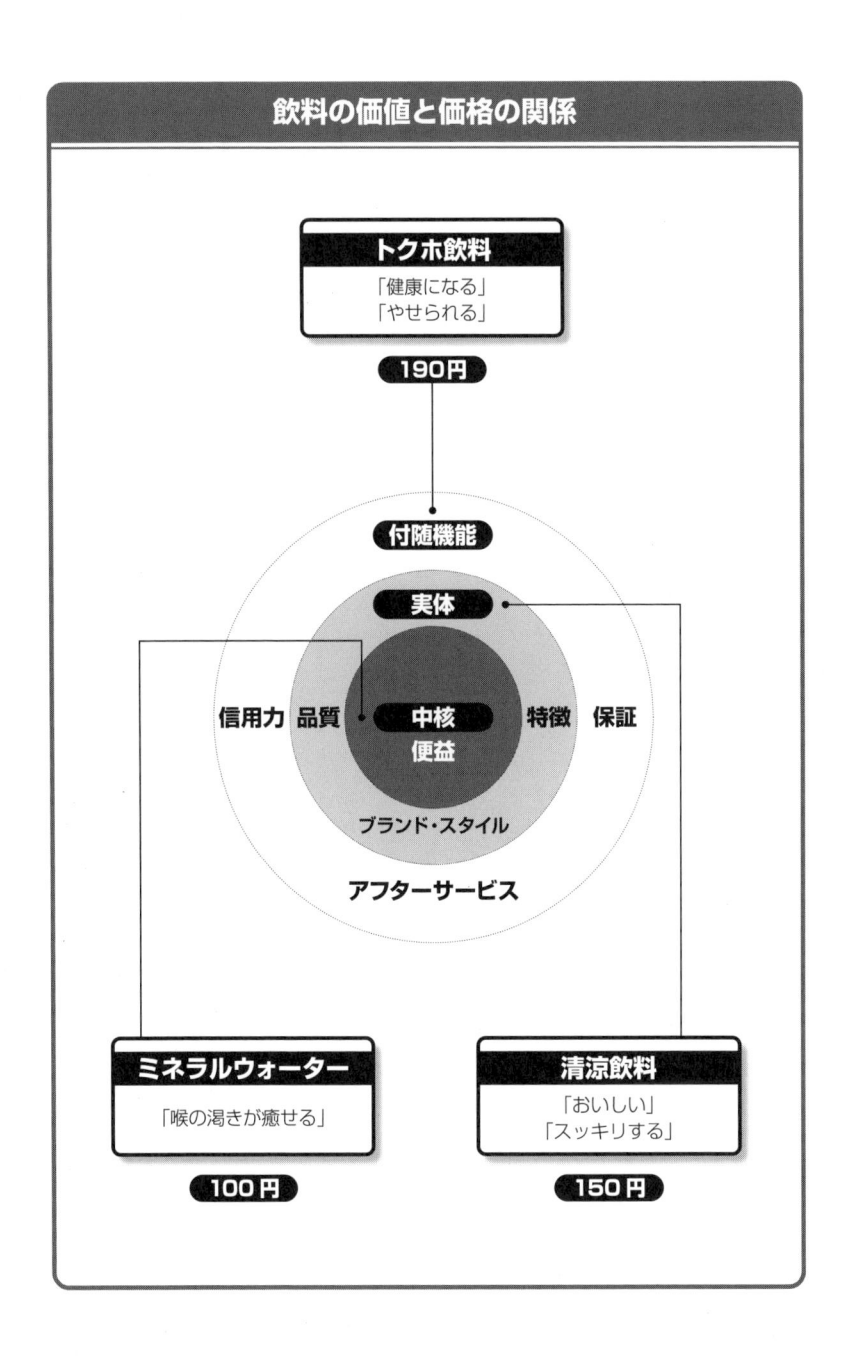

価格弾力性と価値戦略

価格設定では顧客心理を読むこと

価格決定における重要な指標が、原価と顧客価値。顧客価値については、顧客心理を読むことがポイントです。

keyword コスト構造／多機能化／価格弾力性

◆コスト構造の見直し

ここでG店のケースに戻ります。価格戦略の基本的な考え方に基づいて、西村はまず競合の価格調査と自社のコスト見直しに取りかかりました。

競合はショッピングモールに新しくできた和風イタリアンです。そのディナーコースは、２５００円、３５００円、５０００円とG店とまったく同じ価格設定です。ただし品数と一品ごとのボリュームには微妙に差をつけていました。３５００円以上のコースではG店より品数が多く、２５００円のコースでもG店と比べてボリューム感のあるメニューが含まれています。おそらくは新規出店に際してG店の現状を念入りにリサーチし、比較によるお値打ち感を訴求する戦略に出たものと推測されます。

こうした競合の出方に対して西村が採るべき戦略の方向性は2つあります。競合店と同じ価格を維持しながら価値を高めるか、あるいは価値を維持しながら価格を下げるか。西村が選んだのは前者の方向性です。

ただし、単に料理のメニューを一品増やすとか、ボリューム感をアップさせるのではありません。ディナーの時間帯のターゲットがシニアであり食事にボリューム感を求めていないことを踏まえるなら、こうした価値の高め方ではそれほど評価されない可

G店におけるコスト構造の見直し

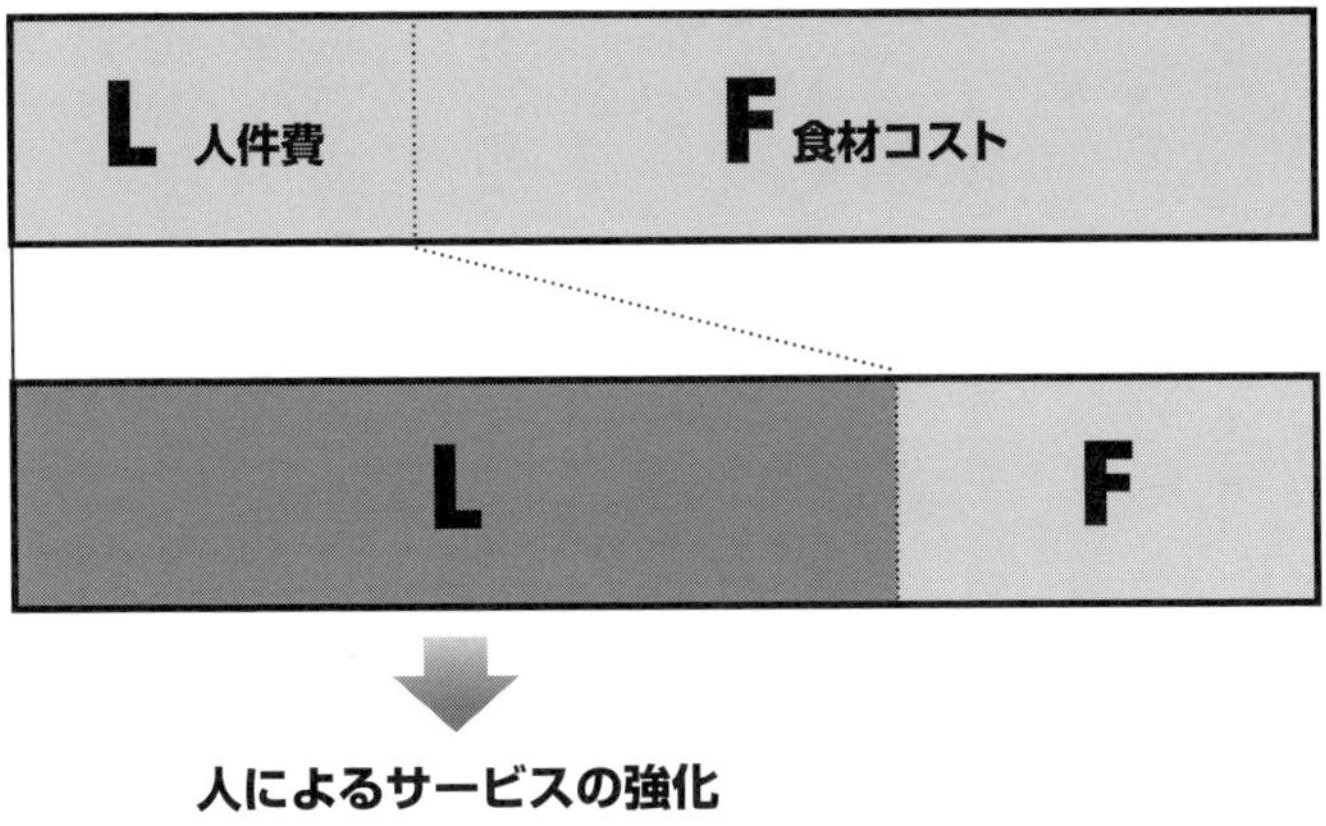

能性が高いためです。

　そこでまず西村が手をつけたのがコスト削減です。といっても、前回、ベテランのホールスタッフを若いアルバイトに替えて、接客サービスのレベルダウンを招いたことは教訓としてしっかり刻み込まれています。西村が考えたのは、コスト構造の見直し、特にFL費（Food＝食材／Labor＝人件費）の徹底的な見直しでした。

　その狙いは、食材コストを下げて人件費を高めること。〔食材コスト＋人件費〕のトータルでは現状を維持する方向で、その内訳を見直すのです。

　食材コストを下げるために、メニューの絞り込みを徹底しました。主要顧客である富裕シニアの嗜好を踏まえて、メニューにメリハリをつけながら可能な限りのロスカットにも取り組みます。チェーン本部にかけ合って、本部仕入れでのコスト削減も要請しています。

　食材コスト切り詰めで浮いたコストは人件費に回します。といってもスタッフ数を増やすことにではなく各スタッフの多機能化のために配分するのです。目玉は二種免許の取得です。

つまり西村は、富裕シニアを店から遠ざけてしまった最大の要因「車で来られなくなった」ことによる機会ロスを、「車がなくても安心して来てもらえる」体制を整えることで解消しようとしたのです。

◆心理的効果を狙った価格設定

顧客が価格の変動に対して、どのように反応するかを量る上で参考になるのが「価格弾力性」という考え方です。

これは商品価格の変動に対する需要の変化に注目する考え方で、通常、価格が下がれば売上が急増し、逆に価格が上がれば売上が激減する商品は「価格弾力性が高い」商品とされます。一方で、価格の変化に対して売上の変化がそれほどでもないものが、「価格弾力性が低い」商品となります。

もちろん同じ商品でもターゲットが異なれば、弾力性が異なることは容易に想像がつきます。ではＧ店のセットメニュー価格とターゲットを前提としたとき、価格弾力性はどう判断できるでしょうか。

西村は弾力性は高くない、つまり少々価格が高くなっても需要に影響はないと判断しました。そこで富裕シニアに対する訴求ポイントとなる送迎サービスを、４人以上の場合を前提として２５００円コースで２００円に設定し、一方で３０００円コース以上では無料としたのです。

狙いはもちろん３０００円コースへの誘導にあります。２５００円と３０００円の差５００円は富裕シニアにとっても微妙な違いです。けれども送迎サービスを含む差額が３００円であれば、心理的な差額はより実際の価格差より縮まるはずで、結果的には３０００円コースが増えると西村は読みました。

人件費をかけて送別サービスを行ったとしても、客単価が上がれば人件費アップ分の吸収余地が高まります。繰り返しマーケティングの流れを意識して考える中で、いつしか西村も、こうした戦略的な思考が自然にできるようになっていました。

価格弾力性とは

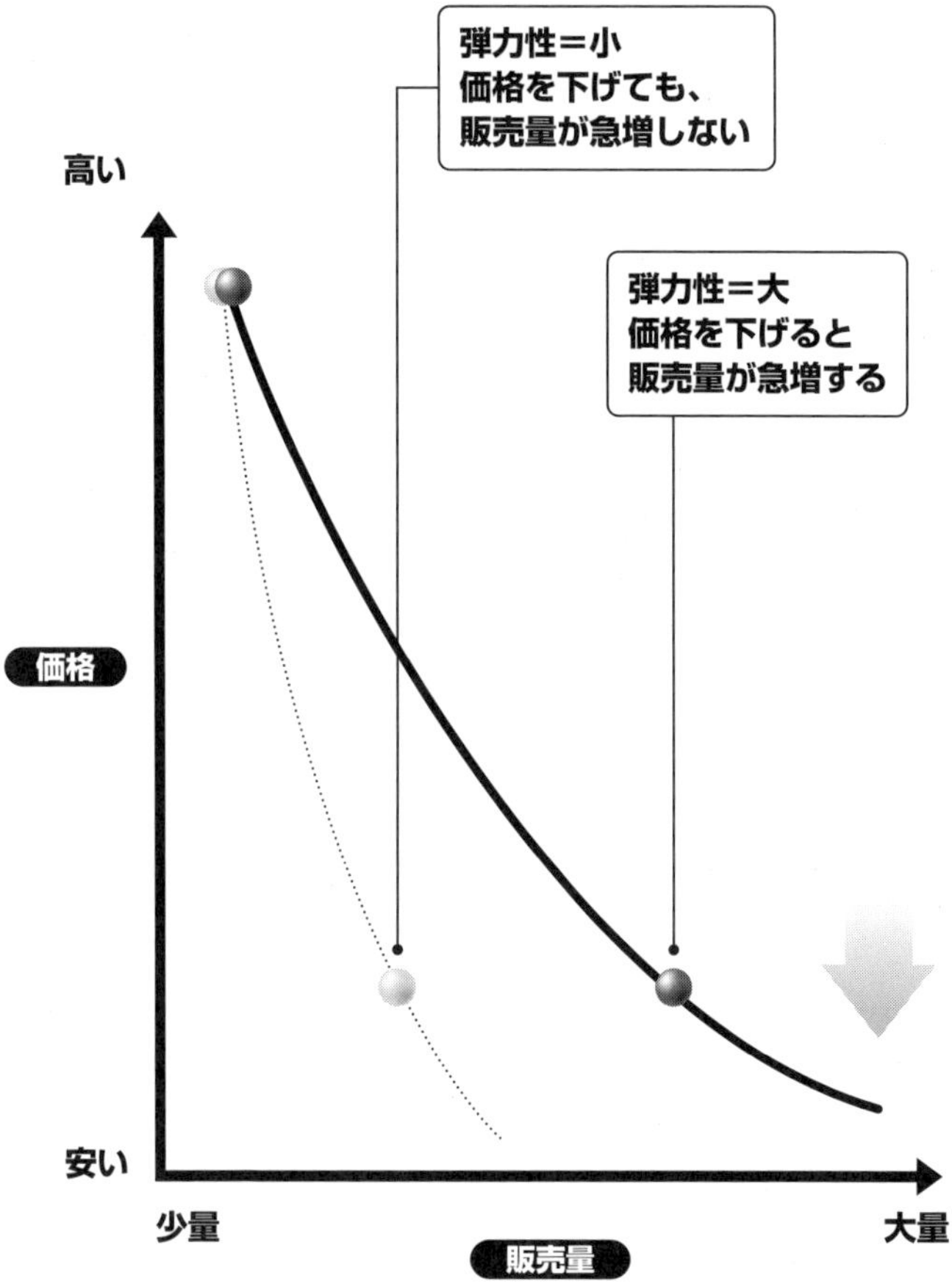

弾力性＝小
価格を下げても、
販売量が急増しない
弾力性＝大
価格を下げると
販売量が急増する
高い
価格
安い
少量
販売量
大量

バリューラインでの価格検証

価値と価格のバランスで競合と比較する

最終的に価格を決めるための指数は、原価と顧客価値。顧客価値については、顧客心理を読むことがポイントです。

keyword
バリューライン／エコノミー戦略／中価値戦略／プレミアム戦略／グッドバリュー戦略／高価値戦略／スーパーバリュー戦略

◆競合価格戦略の基本

最終的に価格決定する際には、競合との関係をチェックしておく必要があります。価格と価値の関係は基本的には正比例になります。価格が高ければ価値も高く、逆はいわゆる「安かろう・悪かろう」状態です。この右肩上がりの直線をバリューラインと呼び、これよりも上のゾーンにあれば競争優位、下のゾーンは明らかに不利、というより顧客から支持される可能性はほとんどなくなります。

スーパーマーケットなら、標準価格（＝中価格）で標準的な商品（＝中価値）を提供するのが、西友やダイエーなどの平均的なスーパーです。これに対して少々品質には目をつぶっても低価格を重視するのがディスカウントストアとなります。逆に価格は高めでも、その分確かな品質の商品を提供するのが、成城石井や紀ノ国屋などの高級スーパーとなります。

西友やダイエーのポジションを取るのが「中価値戦略」、低価値／低価格なら「エコノミー戦略」、高価値／高価格が「プレミアム戦略」です。

バリューライン上に並ぶこれら3つは、価値／価格バランスの面でオーソドックスな戦略です。一方でバリューラインを上回ることができれば、標準ラインを取る企業に比べて競争優位となります。

中価値／低価格は「グッドバリュー戦略」、高価

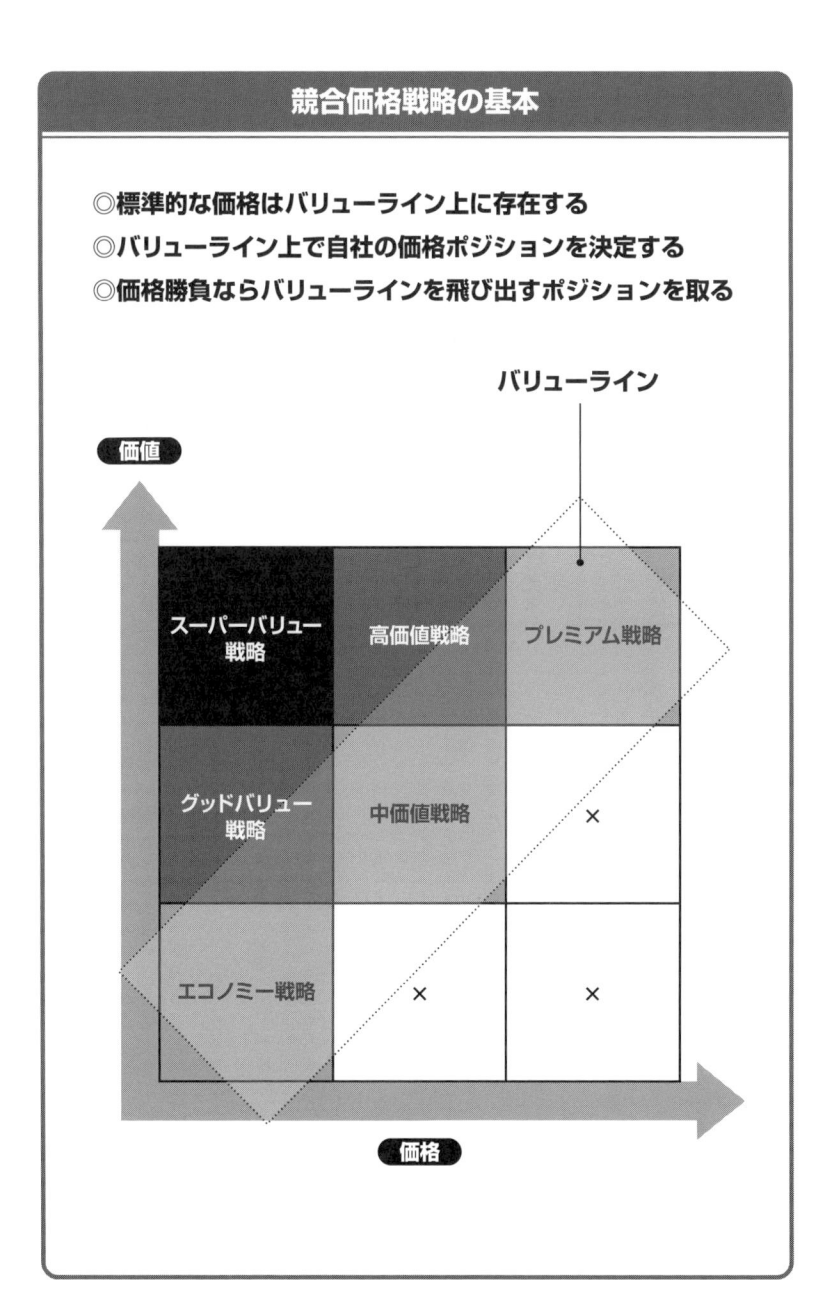

競合価格戦略の基本

◎標準的な価格はバリューライン上に存在する
◎バリューライン上で自社の価格ポジションを決定する
◎価格勝負ならバリューラインを飛び出すポジションを取る

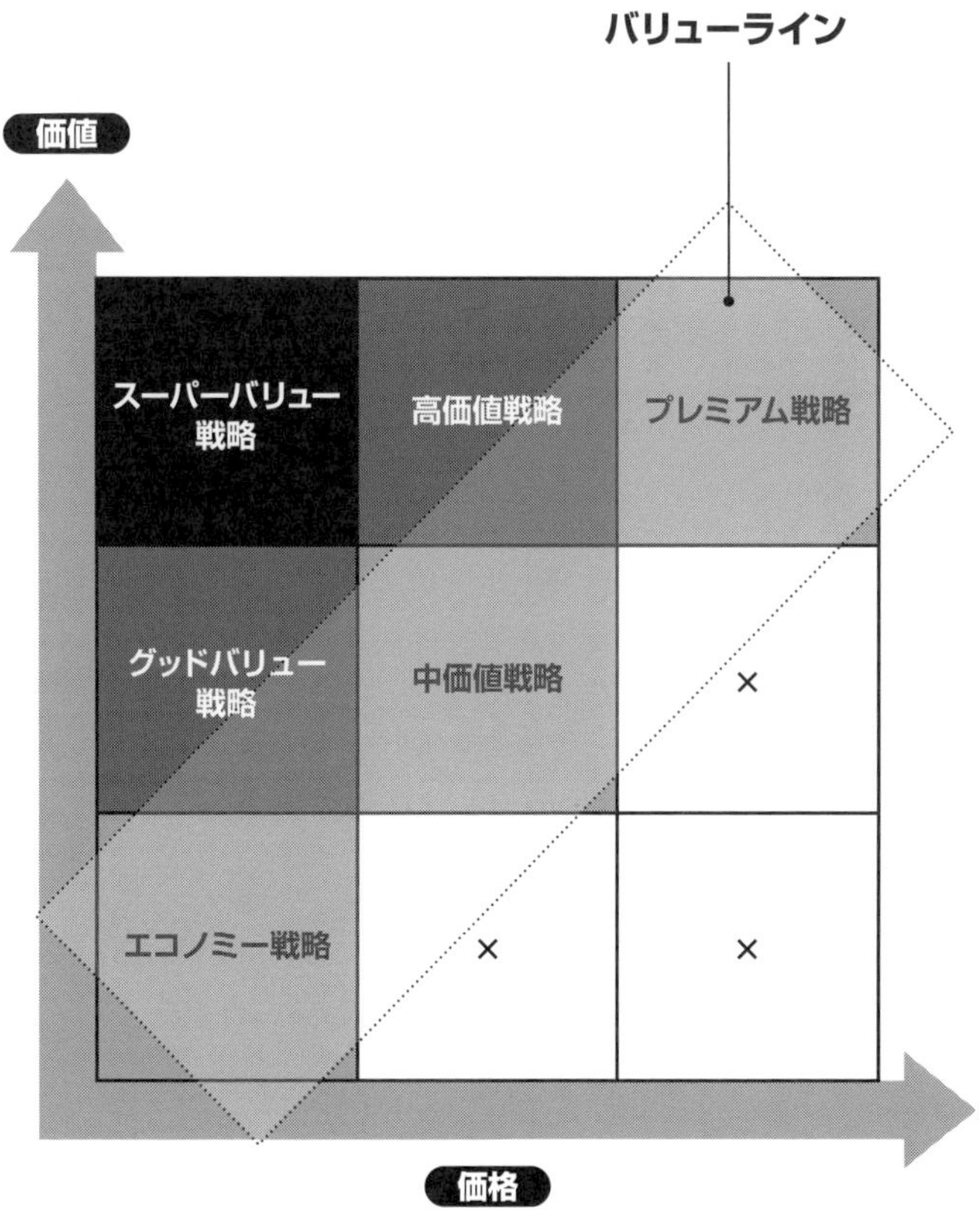

値／中価格が「高価値戦略」、高価値／低価格なら「スーパーバリュー戦略」となります。

スーパーバリュー戦略の好例がユニクロです。創業当初のユニクロは低価値／低価格のエコノミー戦略を採っていました。しかしいわゆるSPA事業モデルに転換し、製造から小売りまでを垂直統合することで高価値／低価格のスーパーバリュー戦略への転換に成功します。その後も価格ラインは低価格を維持したままで、さらなる品質向上に加えてファッション性でもレベルアップし、ダントツの勝ち組となったのです。

◆競合との差を打ち出すハイパープレミアム戦略

では西村はG店の新たな価格戦略として、どのモデルを採ったのでしょうか。富裕シニアを対象とするディナータイムでは、送迎サービスつきの3000円コースをメインに据えました。飲食業界の客単価が2300円ぐらいであることを考えれば、これは高価格に位置づけられます。とはいえターゲットの金銭感覚を考えれば、それほど高くありません。

ただターゲットの富裕シニアも、そのプライシングに対しては、当然それなりの高価値を期待します。そこで競合を凌駕するためには、高価値にさらに価値要因をプラスする方策が必要です。高価値を当たり前と考える顧客を驚かせる超価値を提供してこそ、競合優位に立つことができるのです。

そのための武器が送迎サービスであり、徹底した接客サービスのレベルアップです。たとえば接客サービスについては、ホールリーダーに常連客の顔と名前、そして好みを覚え込ませ、来店時には必ず名前を言って出迎える体制を整えました。

ランチタイムについては、デザートのスイーツをバイキングで食べ放題とし、さらに子ども連れのお母さんでも安心しておしゃべりを楽しめるように、スタッフが子どもの相手を務めるキッズコーナーを設置したのです。こうした差別化を実現するために、G店はプレミアム戦略のさらに上を行く「ハイパープレミアム戦略」を採用したのです。

ユニクロとG店の価格戦略は？

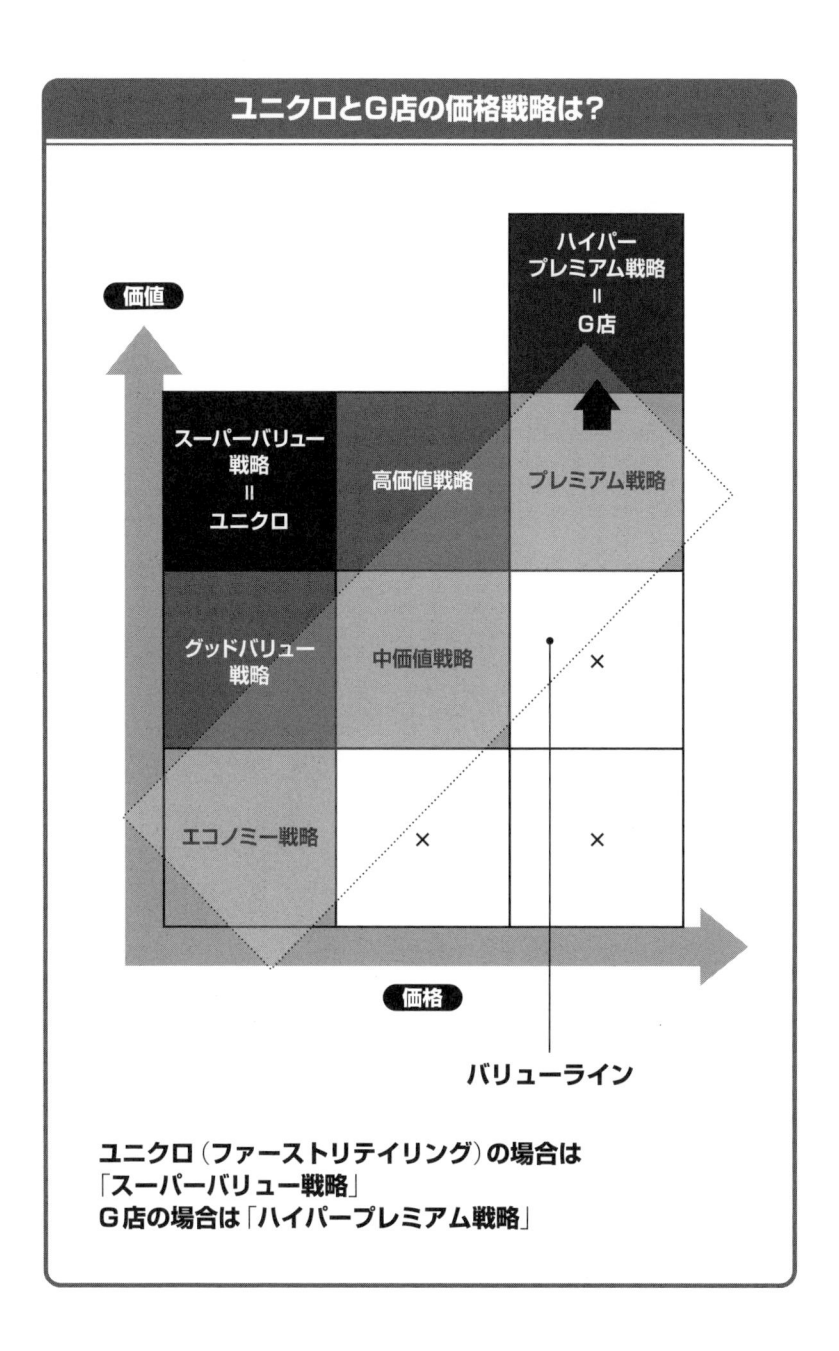

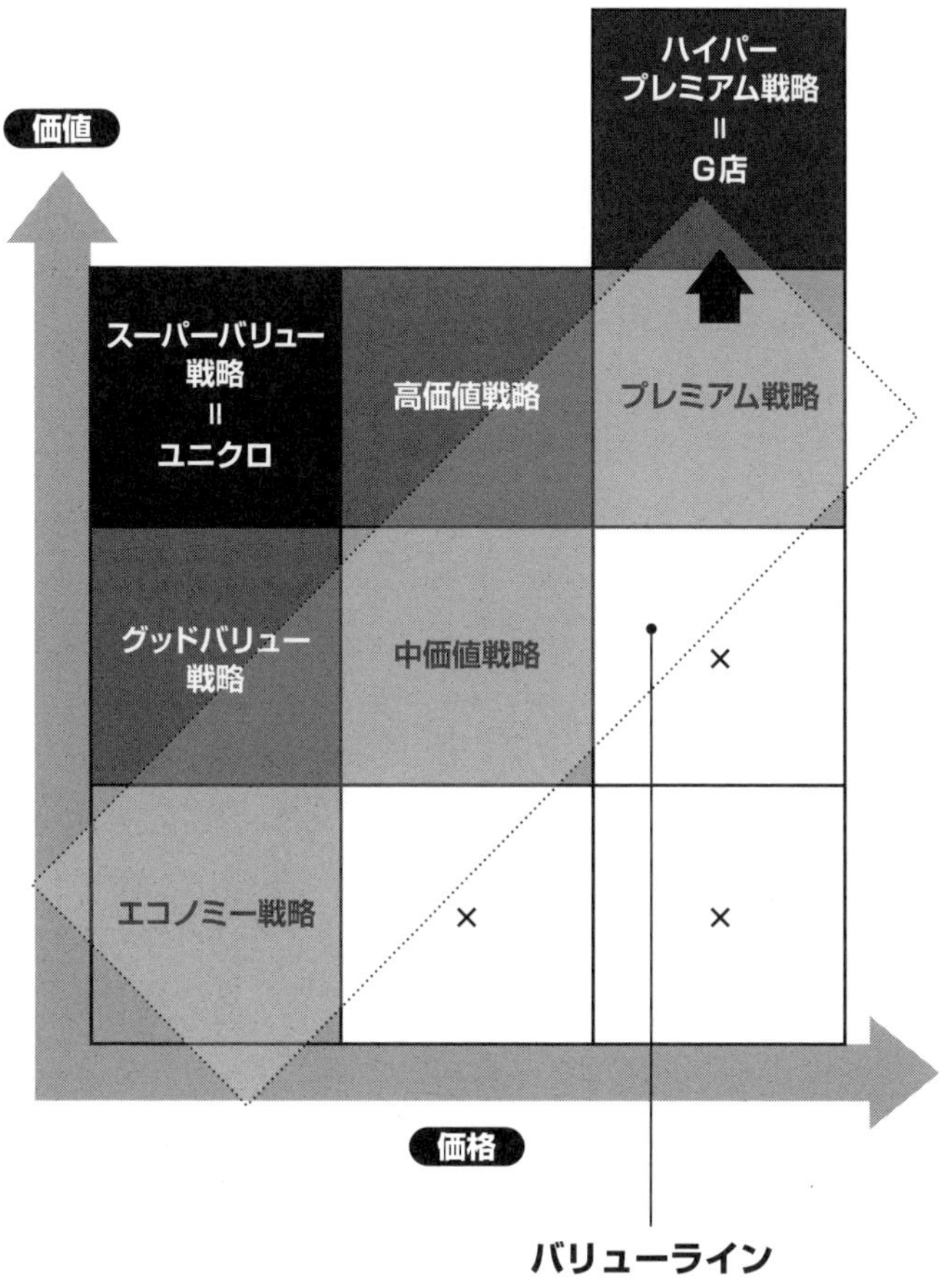

ユニクロ（ファーストリテイリング）の場合は
「スーパーバリュー戦略」
G店の場合は「ハイパープレミアム戦略」

事例7

あえて高い参加費を設定することで、ターゲットを絞り込む女性限定マラソンのプライシング

POINT ・・・プライシング

1 「価値と対価の交換」がマーケティングの本質。顧客によって製品価値は異なるため、交換できる対価も異なる。
2 高い価格設定には、顧客をふるいにかける（フィルタリング）効果もある。

市場が成長期後半から成熟期にさしかかってくると、ターゲットの細分化とそれに伴う価値構造の見直しが行われる。百花繚乱ともいえる市民マラソンは、まさにそうした時期にさしかかっているようだ。そこで、ここではあえて参加費を高額に設定し、ターゲットを絞り込んだマラソン大会の価値構造を考えてみる。

なぜ、あえて高い参加費を設定するのか

女性限定のマラソン大会がある。２０１１年９月18日、東京・お台場で開催された「ランガール・ナイト」、主催者は一般社団法人「ランガール」だ。同法人はそのサイトに「走る女性ならではの視点・パワーを活かし、生活を豊

かにするアイデアを様々なカタチに変えていく企画集団」と記している。メンバーはすべて女性。フリーのライターやジャーナリスト、スタイリストにモデルから俳優などが参加しているようだ。

「ランガール・ナイト」では女性ならではの視点を活かして、更衣室や託児所などが用意された。走るコースは潮風公園（東京・品川）をメインに、5キロと10キロの2コースが設定されている。ここで注目すべきは8000円と高額に設定された参加費だ。走る距離はフルマラソンではなく、最高でも10キロである。にも関わらず8000円。このプライシングを高いと見るか、妥当と見るか。一般的には「高い」と感じる人が多いだろう。

ちなみに競合の価格設定と比べてみるとどうなるか。たとえば抜群の人気を誇る「東京マラソン」がある。参加当選倍率が10倍を超える同マラソンの参加費は、フルマラソン1万円、10キロコースで5000円である。距離設定が似通っている三浦国際市民マラソンでは、ハーフマラソンで4000円、10キロ3500円、5キロが2500円となっている。単純に価格／距離の比較をするなら、同じ10キロならランガールは東京マラソンの1・6倍、三浦国際市民マラソンの2・3倍になる。

しかし、価格とは対価であり、その対価を支払って得る価値とのバランスで考える必要がある。価値とは顧客にとっての価値である。顧客が異なれば、当然価値は異なってくる。そこで女性限定という顧客設定が意味を持つ。

「ランガール・ナイト」のスタート時間は、夕方4時から。5キロクラス、10キロクラスともに2つのグループに分けられており、制限時間は5キロが50分、10キロが1時間半となっている。遅くとも5時40分にはマラソンそのものは終わる。しかしイベントはそれで終わりではない。走った後はホテルのスパを利用して、汗を流すことができる。その後にはパーティーが待っている。特別な食事が用意されており、ちょっとしたショーもある。走る前には美脚エキササイズを受けることもできる。

　プレイベント、マラソン、アフターイベントまで含めると、ほぼ半日をたっぷり楽しむことができるイベントなのだ。しかも女性限定である。そこでこのマラソン大会の原価構造を考えてみるとどうなるか。

　これだけ盛りだくさんのメニューを実施し、しかも会の趣旨であるチャリティーに参加費の10%が充てられる。参加者は５００人限定である。つまり参加費は総額で４００万円、チャリティーを除けば３６０万円。こじんまりしたイベントであるだけに、ほぼ全員がスパを利用しパーティーにも参加すると考えれば、原価率は相当高いというか、採算はとんとんぐらいではないだろうか。

プライシングにより、顧客をフィルターにかける

　では、このプライシングに込められた意味は何だろうか。マラソンやランニングの価値

構造を考えてみると、次のようになるだろう。中核価値は「走ることによって得られる健康維持や体力作り」である。これだけならどこで走ってもよいし、ファッションにこだわる必要もない。

一方でいわゆる「皇居ランナー」たちは、オシャレな人が多い。「皇居ランナー」にとっては、中核価値に加えて「オシャレに走ること」が実体価値となっている。「ランガール・ナイト」に参加する女性たちも、オシャレに走る実体価値を求めている人たちと想定できる。その価値を得るための対価が、参加費の８０００円なのだ。

しかも「ランガール・ナイト」には付随機能もある。女性限定の参加者にレース前にはメイクレッスンやエクササイズレッスンがある。レース後にはパーティーやショーもある。オシャレに走ることに価値を見いだす女性集団としては参加することに重要な意味がある。

中核価値に加えて実体価値、付随機能までを含めて考えるなら、８０００円という価格設定には、戦略的な意味が込められていると考えることができる。あえて若干高めの価格設定をすることにより、参加者のフィルタリングを行うのだ。８０００円を支払っても、オシャレに走る女性でありたい人たちにターゲットを絞り込んだイベント。そこに集う女性たちは、同じような価値観を持つ人たちであり、イベントは非常に盛り上がるだろう。

そう考えれば協賛企業にとってのメリットも明確に見えてくる。明確な属性・価値観を持つ参加者との接点と考えれば、そのターゲットを狙う企業にとっての価値は非常に高い。

第6章のまとめ

1 3C分析は、価格決定の際にも重要な視点です。競合との比較に加えて、顧客の目から見て高いか、安いか。判断基準は価値と対価のバランスです。

2 顧客が価格を納得するかどうかは、あくまでも顧客にとっての価値が決めます。時と場合によっては、一物多価はあって当然なのです。

3 値引きは最後の手段と心得ておきましょう。さらに、値引きが効く商品と効かない商品があることも忘れないよう注意します。

4 価値と価格のバランスを考えるときには、常にバリューラインの上を目指すこと。ただし自社の戦略との整合性をきちんと取ることです。

MATOME

第7章

PORTER × KOTLER

生まれ変わった店を、どう伝えるのかね

［施策立案③］コミュニケーション戦略とチャネル戦略

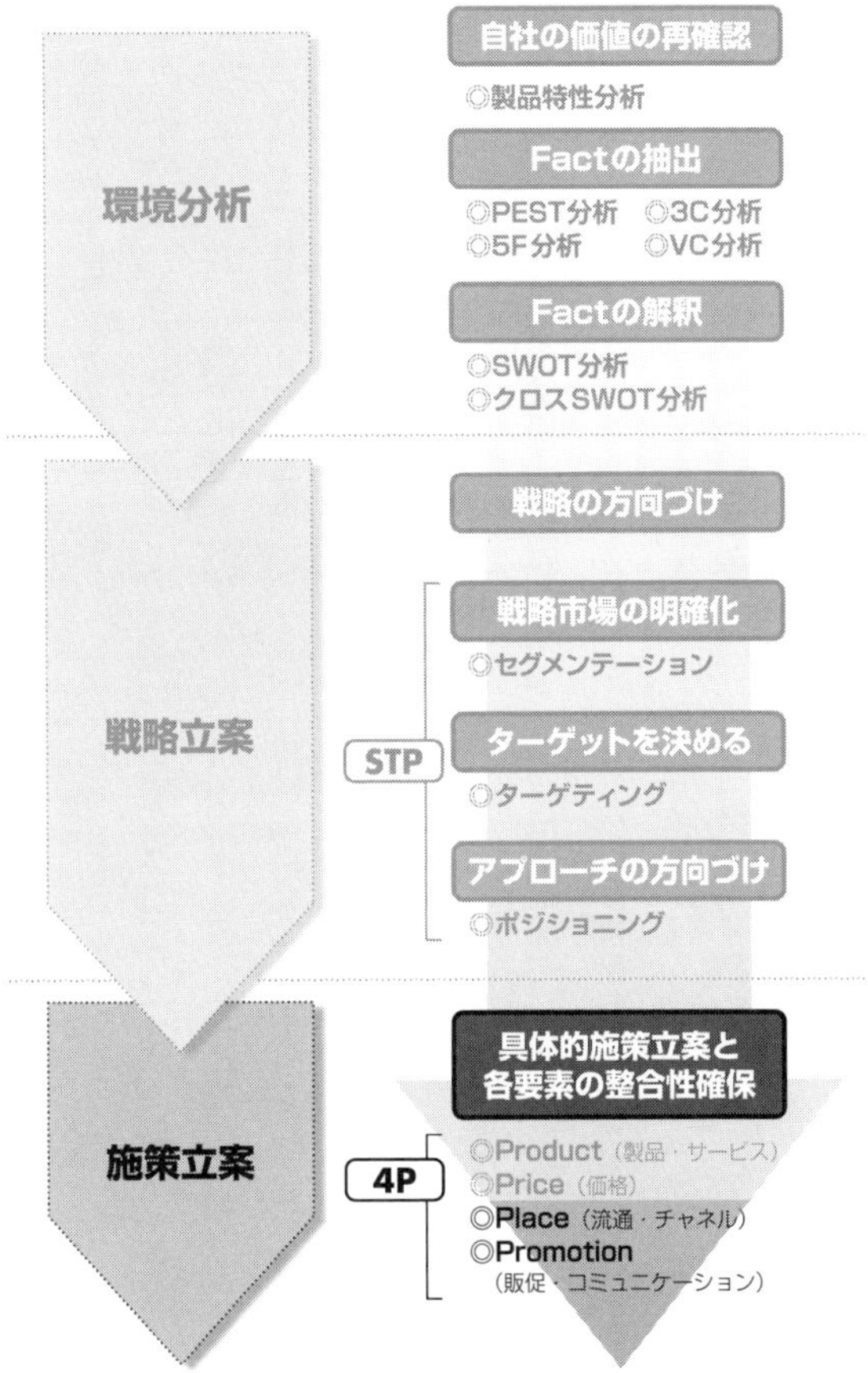

コミュニケーション戦略の考え方

AIDMAモデルとAMTULモデル

製品やサービスの価値は、それをターゲットが理解したときに初めて購買活動が起こります。価値の伝え方を考えるのがコミュニケーション戦略です。

keyword
Promotion／マスメディア／AIDMA／AMTUL／潜在顧客

◆プロモーションとはコミュニケーション

いくら素晴らしい製品やサービスを開発し、魅力的な価格をつけたとしても、その存在をターゲットとする顧客に知ってもらわなければ購買にはつながりません。製品やサービスの存在を認知してもらい、それがどのような価値を持っているのかを納得してもらって初めて、狙いどおりにターゲットは購買活動を起こすのです。

端的にいえば製品やサービスの価値を伝える活動がPromotion（プロモーション）です。ただし日本語でプロモーションと表現すると、その狭義の意味である「販売促進」としか受け取られないおそれがあるため、本書では「コミュニケーション戦略」と表現します。

顧客とコミュニケーションを取るためのメディアは、実にさまざまなものがあります。テレビや新聞、雑誌、ラジオなどのいわゆるマスメディアに加えて、最近ではインターネットが極めて重要なメディアとなってきました。広告出稿額でみれば、一部マスメディアとインターネットの逆転現象も見られます。

また従来メディアとしてはチラシやDMなどさまざまな印刷媒体があります。販促イベントやモニターキャンペーン、サンプリングなどもコミュニケーションメディアの一種と考えてよいでしょう。これ

ロッテ・Fit'sのAIDMA

Youtubeでの
ダンスコンテストが大反響
パパイヤ鈴木振り付けの
フィッツダンスが大人気
交通広告で食べ方を訴求
Pick!! Get!! Pull!!
駅ナカのコンビニ
レジ横に棚確保
CVS STATION
A
"Attention"
I
"Interest"
D
"Desire"
M
"Memory"
A
"Action"

ら数多くのメディアをターゲットに応じて適切に使い分けることが、コミュニケーション戦略の要点となります。

◆消費者の態度変容を起こすAIDMAモデル

　プロモーション手法の定番とも呼べるのがAIDMAモデルです。AIDMAとはAttention(注目)、Interest(関心)、Desire(欲求)、Memory(記憶)、Action（購買）の頭文字を並べたもの。購買に至る消費者の一連の心の動きを表します。

Attention：消費者の心理は、まずコマーシャルや広告などを目にすることで「これは何だろう」と目を引かれます。

Interest：すると「もっと知りたい」と関心を持つようになります。

Desire：関心を持った結果、自分に合っていると思えば「これは欲しい」と欲求を持ちます。

Memory：けれども、欲しいものが目の前で売っていることは稀なので「機会があれば買おう」と記憶します。

Action：そして、店頭で目にしたときに「買う」のです。

　この一連の流れを途切れることなく設計することが、コミュニケーション戦略のポイントです。これがインターネットの普及によって、変わりつつあります。

　今なら印象的なテレビCMを流し「詳しくはネットで」と検索させます。ネット上なら掲載スペースに制限なく、商品情報を提供することができます。

　しかも、ものによってはネット上でそのまま購買申し込みから決済まで可能です。

　またインターネットはプルメディアであり、消費者自らが積極的にアクションを起こして見にいくメディアです。主体的に動くことで得た情報は、より深く記憶に留まることが期待できます。その記憶を、店頭で目立つ陳列を施したりPOPを掲示することで呼び起こすことができれば、より確実な販売につながります。

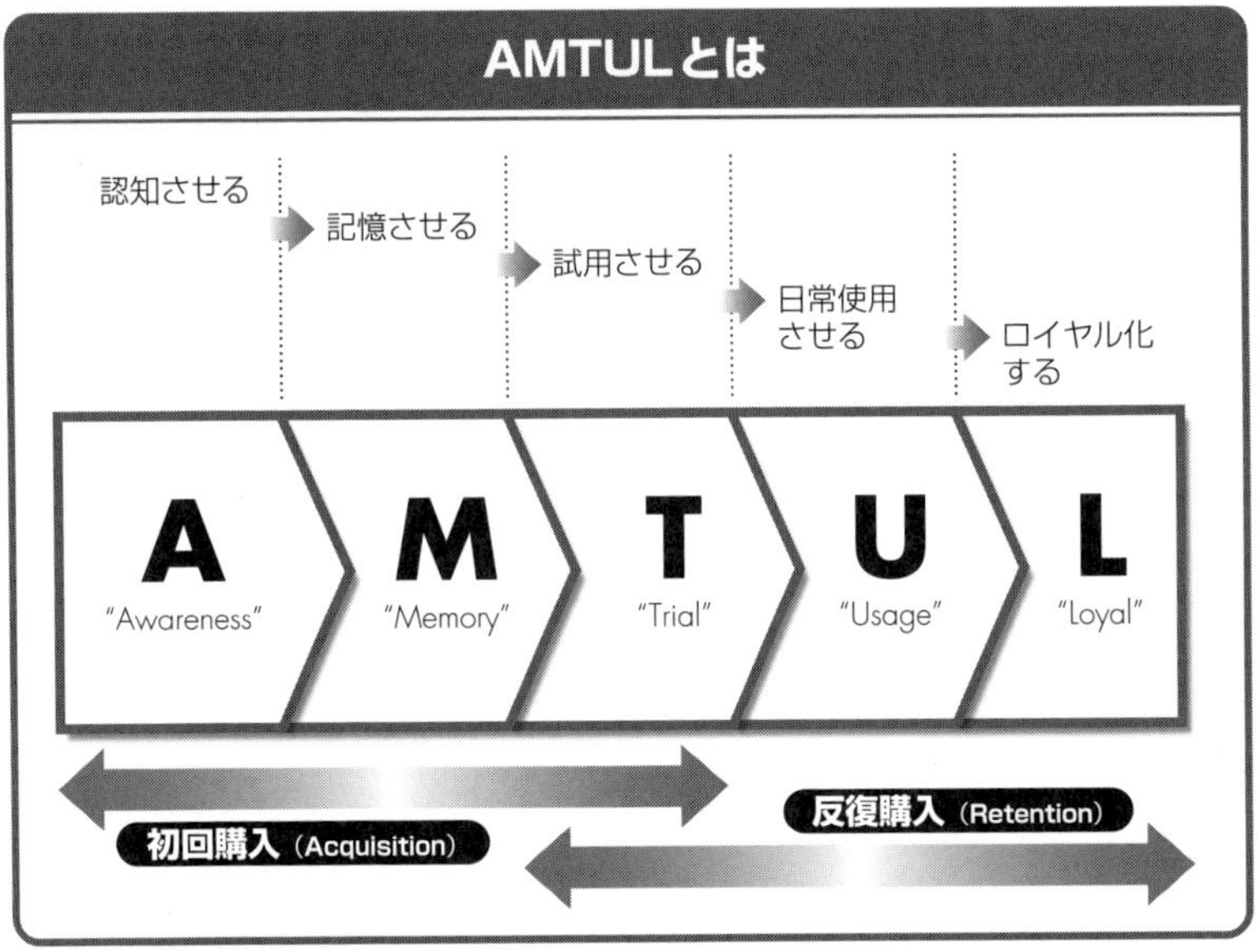

◆試させて買ってもらうAMTULモデル

　AIDMAはオーソドックスなモデルであり、過去の実績もあります。ただ1つだけ欠点となるのが、実際に試してみないとわからない商品を訴求するのには向いていないこと。画期的な新製品やサービスなどは、使ってみないとそのよさを実感することができません。

　そこでAIDMAの問題を補うために開発されたのがAMTULモデルです。これはAwreness（認知）、Memory（記憶）、Trial（試用）、Usage（日常利用）、Loyal（ファン化）の流れで設計します。

　顧客からすれば、対価を支払う前に商品価値を知ることができることが大きなメリットです。一方で販売サイドからすれば、潜在顧客を顕在化し、しかもサンプルの申込・提供などを通じて、顕在化した顧客とコミュニケーション回路を作ることができるわけです。

　AMTULモデルのポイントは、顧客との接点を確保することにあります。

インフルエンサー・マーケティング

最も確実な口コミを狙う

派手な広告を打ったりチラシをばらまくことよりも、場合によってははるかに効率的なやり方があります。影響力の強い人物の口コミを使う方法です。

keyword
オピニオンリーダー／ＳＮＳ／ポスティング

◆インフルエンサーとは

飲食店の中でも、Ｇ店のように商圏が決まっている場合に、特に有効なプロモーションの手法があります。商圏内にいる影響力の強い人物に手助けしてもらうやり方で、「インフルエンサー・マーケティング」と呼ばれます。

そのやり方は次のとおりです。まずターゲットが所属するコミュニティの中でのオピニオンリーダー的な存在を見つけます。すなわち該当コミュニティの中で、周りに対する強い影響力を持っている人物です。たとえば自治会長やＰＴＡ会長、自治体の議員などがその典型です。そうした人物に対してダイレクトにアプローチをかけて、商品やサービスを実際に試してもらい、好意的なメッセージを広めてもらうのです。

西村も、この戦略を採用しました。Ｇ店の場合も商圏が極めて明確に設定されています。そこでアプローチをかけたのが、商圏内の自治会と私立幼稚園です。

自治会に対しては、定期的に行われる役員会を一度、Ｇ店で開催してもらえるよう会長に直々に依頼に行きました。私立幼稚園でも同様に、ＰＴＡ会長に狙いを定めて接触を図り、役員会議のＧ店開催を依頼しています。

インフルエンサー・マーケティングとは

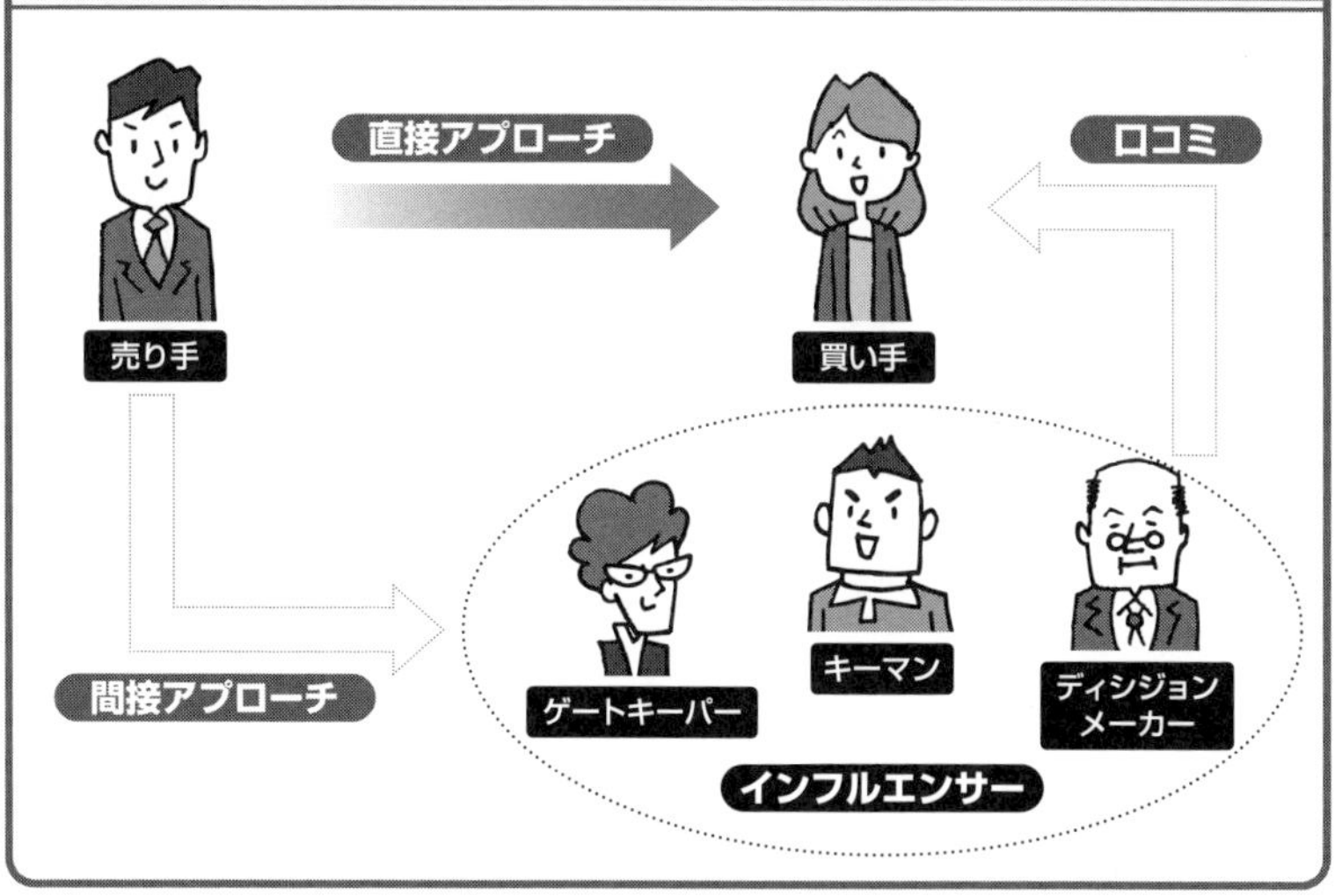

いずれも役員の中にはＧ店をすでに知っている方も多く、ＡＭＴＵＬモデルでのトライアルを兼ねた会合は大成功。参加者のＧ店に対する評価は高まりました。

以前からのターゲット層である富裕シニアは、より磨きをかけられた接客サービスを評価し、女性ターゲットを代表するＰＴＡ役員たちは、食後のおしゃべりを滑らかにするスイーツバイキングと子どもを預かって遊ばせてくれるサービスのメリットを実感して帰ります。そして参加者から、その周りにいる人たちへと口コミが広がっていきました。

まさに西村の狙いどおりの反応です。すかさず西村は、自治会長やＰＴＡ会長とのパイプをさらに太くする作戦を展開します。自治会イベントや幼稚園イベントに対する協賛です。

こうした協賛は目立たないけれども、大々的にチラシを打つことを考えれば、微々たる予算で的確にターゲットにアピール可能な、費用対効果の高いプロモーション施策となりうるのです。

◆リアルとバーチャルの使い分け

インフルエンサー・マーケティングは、今ではSNS（＝ソーシャル・ネットワーキング・サービス）の普及により、より活用しやすくなりました。

SNS内には趣味や居住地、職業や考え方などが似通った人たちのコミュニティがいくつもあります。そこで自社製品やサービスがフィットするコミュニティを見つけて、その主宰者にアプローチをかけるのです。

コミュニティを主宰するほどの人物は、当然、そのコミュニティに影響力を持つインフルエンサーです。商品やサービスがコミュニティにフィットしていれば、その人物を通じて好意的なメッセージを広めてもらえる可能性は高いでしょう。

特定分野についてのブログを書き、そのブログにたくさんの購読者がついているようなブロガーもインフルエンサーと考えられます。このようにネットの普及により、インフルエンサーを見つけることは格段に簡単になりました。

ただし、ヤラセなどは絶対にやるべきではありません。検索能力に長けていて時間にも余裕のあるネットユーザーの情報収集力を絶対に侮ってはいけません。嘘やヤラセをすれば必ず見破られると覚悟すべきです。万が一ヤラセなどが発覚し、ネット上で炎上すれば、そのダメージは計り知れないものとなります。

ちなみにG店の場合は、商圏が限定されていることもあり、ネット時代の今だからこそ逆に有効なアナログアプローチを採りました。戸別訪問作戦です。といってもドアをノックするわけではありません。封筒に入れたDMを用意し、一軒一軒の家の前で表札を見て名前を手書きしてポストに入れたのです。

チラシのポスティングと言えばピザなどのケータリングサービスが盛んに行っていますが、自分の名前が手書きされた封筒入りのDMが届けば、とりあえず読んでもらえる確率が高くなる。そんな読みも当たり、G店は以前にも増した賑わいを取り戻すことに成功しました。

各広告メディアの特徴

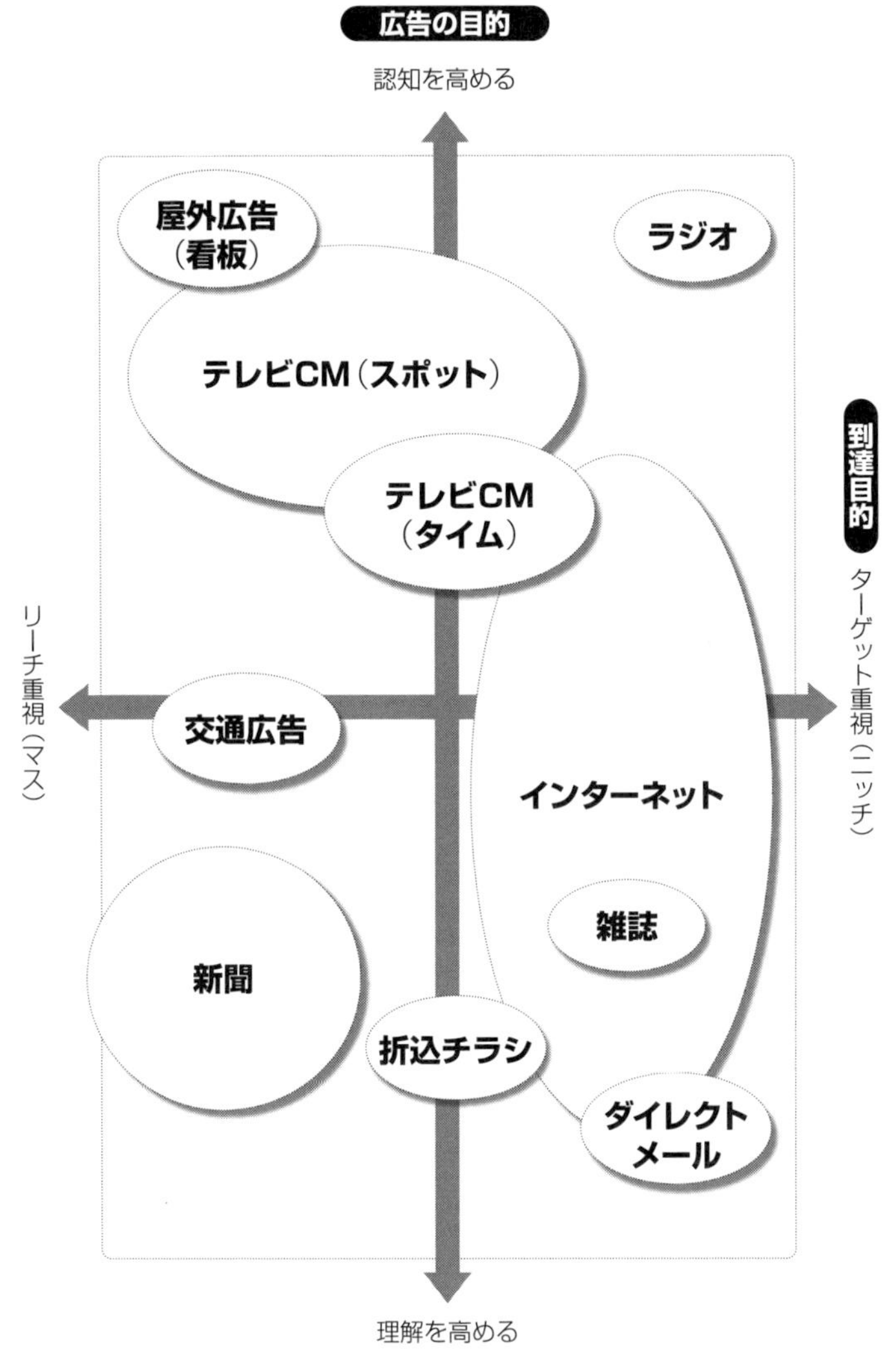
広告の目的
認知を高める
理解を高める
到達目的
ターゲット重視（ニッチ）
リーチ重視（マス）
屋外広告（看板）
ラジオ
テレビCM（スポット）
テレビCM（タイム）
交通広告
インターネット
雑誌
新聞
折込チラシ
ダイレクトメール

チャネル戦略

チャネルの役割と構築の留意点

基本的には社外の人間が関わるプロセスがチャネルです。チャネル構築については、どのようなポイントを考えておくべきなのでしょうか。

keyword
プロセス／パーソン

◆チャネル構築の留意点

マーケティングミックスの４Ｐで、残された「Ｐ」がPlace＝チャネル戦略あるいは流通戦略です。飲食店の場合は、自店で完結しているために一見チャネルなどないように思えます。しかし自社の商品やサービスを顧客に届けるチャネルという意味では、ホールスタッフをチャネルと考えるべきでしょう。

ここにチャネル戦略の核心を見ることができます。いくら料理が素晴らしくとも、あるいは質の高い接客サービスを売り物にしていても、顧客とダイレクトに接触するスタッフの態度ひとつで顧客の評価は変わってしまうおそれがあります。自店で働くホールスタッフなら、その行動を逐一チェックして問題があれば直ちに修正をかけることが可能です。ところが、一般的なチャネルではそうはいきません。

チャネル戦略を考える上で最も注意すべきは、チャネルは基本的に外部の人間が担うということ。外部の人間には、必ずその人なりの思惑があり、必ずしもこちらの思ったとおりに動いてくれるとは限らないのです。

◆チャネルの3つの役割

チャネルは具体的にどのような役割を担っているのでしょうか。基本的な役割は3つ、物流、商流そ

チャネルの役割

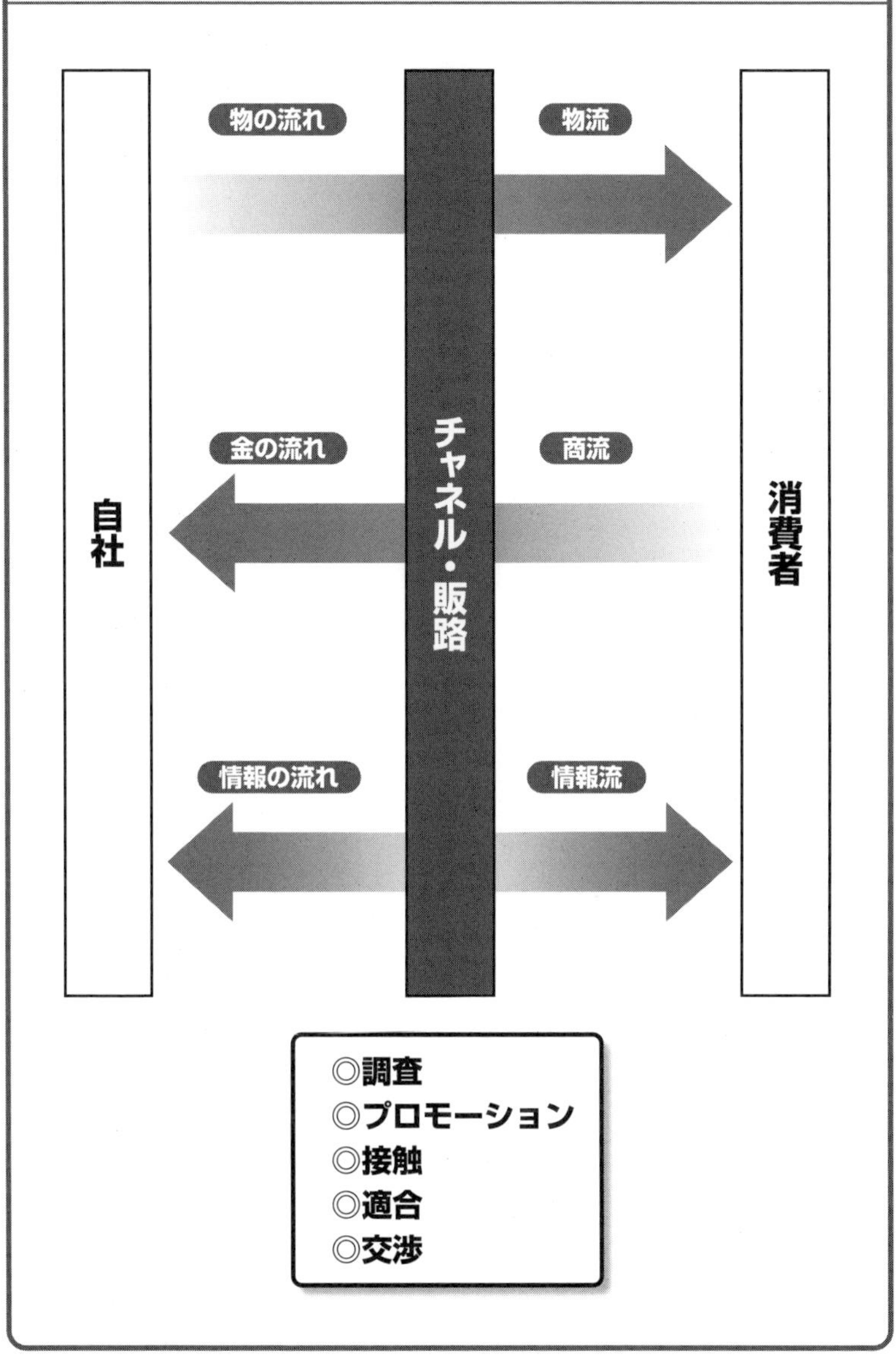
自社
チャネル・販路
消費者
物の流れ
物流
金の流れ
商流
情報の流れ
情報流
◎調査
◎プロモーション
◎接触
◎適合
◎交渉

して情報の流れです。物流とは顧客にモノを届ける役割です。商流とは顧客から代金を回収すること。加えて、最近クローズアップされているのが情報の流れ、顧客のナマの情報をすくい上げる機能です。

この情報の流れに関して先進的なのがコンビニです。コンビニでは会計の際に商品をバーコードでスキャンすると同時に、レジのボタンを押して買い物客の性別と年代を入力しています。これによって、どんな客が、どの商品を、いつ購入したかをつかむことができます。

これはメーカーにとって極めて重要なデータであるため、コンビニなどは収集データをメーカーに有償で提供するケースもあるほどです。

◆プロセスとパーソンの「＋２Ｐ」

最新のマーケティングでは４Ｐに、さらに２つのＰを加える傾向があります。２つのＰとは、Process（プロセス）とPerson（パーソン）です。

プロセスとは、顧客に商品やサービスを届けるまでの業務プロセスのことです。仮に４Ｐの設計が完璧で顧客が購買を決意したとしても、最後に顧客が実際に商品なりサービスなりを手に入れる段階で満足度を下げるようなことがあっては、すべてが台無しになってしまいます。

Ｇ店のような飲食店の場合は、このプロセスの担い手が人、つまりパーソンです。今日のように商品だけで差別化を図ることが非常に難しくなっている時代では、プロセスの的確さと、そのプロセスを間違いなく実行するパーソンの重要性が高まっています。顧客側からみても、購買時点の最終段階で接してくれた人により、その商品なりサービスに対する印象は大きく変わります。

何でもネットで買えてしまう時代ですが、ネットを通じた購買活動に際しても、ユーザーの書き込みなど人の手を介した情報は強い力を持ちます。ＳＮＳが広く受け入れられるのも人の存在を感じるからでしょう。マーケティングを完結させる上では、そこに関わる人の力が果たす役割が大きいのです。

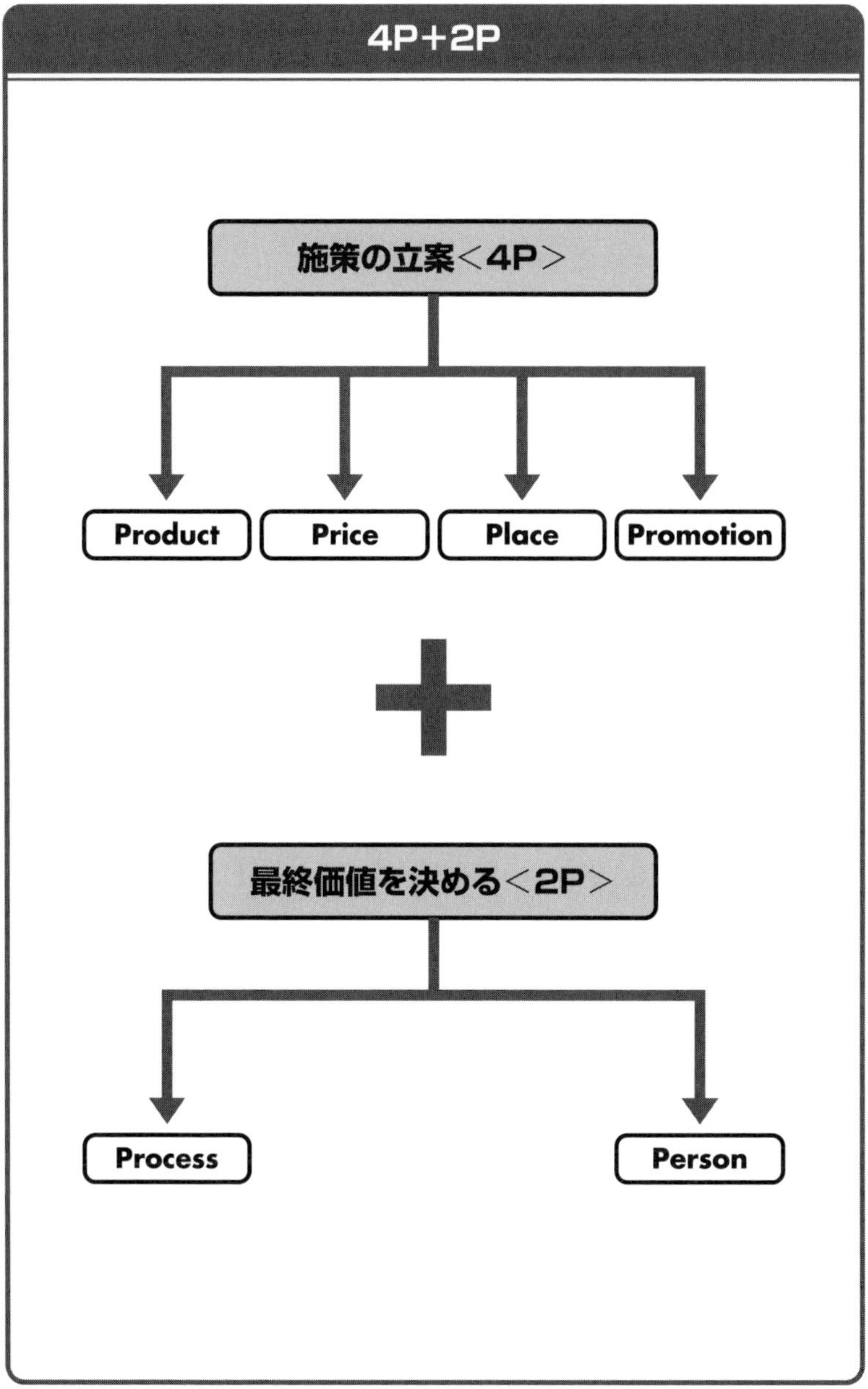
施策の立案＜4P＞
Product
Price
Place
Promotion
最終価値を決める＜2P＞
Process
Person
4P＋2P

事例 8

自社の展開事業を、どのように定義するか。アメリカの鉄道会社と日本の鉄道会社の違いについて

POINT ・・・ビジネスモデル

1 成長戦略を考えるときには、既存／新規の顧客と既存／新規の製品の4つの切り口を掛け合わせる。
2 新規の顧客開拓・新規製品の提供が難しい場合、既存顧客に対して既存製品をさらに提供する深掘り策（市場浸透策）を採る。

残念なことではあるが、日本の国内市場は今後、全般的に縮小し続ける。人口の減少、なかでも15歳以上64歳以下の生産年齢人口が減ることは、この層が消費の主役であることを考えるなら、市場に大きなダメージとなる。そんな市場環境の中で、国内市場で生き残りを図らなければならない企業は、どのように対処していけばよいのだろうか。

米国の鉄道会社はなぜ衰退したのか

ハーバード大学ビジネススクールの名誉教授だったセオドア・レビットはかつて、米国の鉄道会社が衰退した理由を次のように指摘した。米国では自動車や航空機の普及により、鉄道会社は衰退の一途をたどったのだが、その要因

をレビットは「鉄道会社は自社の事業を鉄道事業として捉えており、輸送事業として考えることができなかったからだ」と説いている。すなわち顧客にとっての「鉄道」の価値が「移動する手段」であることに気づかなかったために、対応が遅れたのだ。

　これに対して日本の鉄道会社は、非常にうまく戦略的に事業を展開してきた。近代私鉄のビジネスモデルは、阪急電鉄の創始者・小林一三氏によって開発された。日本の私鉄は、すべてこのモデルにならっていると言ってもよいだろう。小林氏は阪急電鉄の前身、箕面有馬電気軌道の設立に参画したとき、その事業ドメインを「我々は鉄道会社ではなく、沿線地域を発展させ、人々の生活を豊かにする会社である」と定義した。これが秀逸である。

　この定義に従い、沿線で住宅開発を行い、ターミナルには集客の拠点として百貨店を設置した。沿線住宅に住む人たちは、百貨店に出かけるために電車に乗るのだ。さらには鉄道を使って出かける場所として、歌劇場、野球のスタジアム、温泉や動物園などを次々と創り上げていった。これにより鉄道の乗客をまさに創造したのだ。

人口減少社会で生活支援産業への転換を図る

　しかし少子化の流れは鉄道ビジネスをも直撃している。鉄道に乗る人が減っている上、沿線人口も減っている。だからといって鉄道は地域に根ざしたビジネスであるため、別エリアでの事業展開は簡単にはできない。そこで新たな取り組みを始めているのが、近畿日本鉄道グループだ。同グループは「〝楽・元気〟生活」と称して、奈良県と京都府の一部で生活応援事業を展開し始めた。例えば次のようなサービスを展開している。

・購入商品を宅配するサービス：スーパーの近商ストア
・子ども連れの人の外出をサポートするチャイルドシートを備えた子育てタクシー：奈良近鉄タクシー
・割安なミニ引っ越しを展開：近畿配送サービス
・家事やハウスクリーニングを代行：ベアーズ

近畿日本鉄道は大阪府、奈良県、京都府、三重県、愛知県の広域にまたがって路線を展開している。私鉄では日本最長の路線網を抱えていることは、鉄道事業がうまく回っている時代には絶対の強みとなったが、乗客が減り続ける状況になると、巨額のインフラ維持コストが逆に大きな負担となる。そこでどうするのか。日本最長の路線網を抱えていることを、再度強みに逆転するためにはどうすればよいのか。近鉄が考えたのは、沿線住民に対するサービスを徹底することで、その囲い込みを図ることだ。

進む高齢化を背景とするなら、当然、購入商品の宅配サービスが考えられるだろう。子どもに対するお金のかけ方が増えている状況を踏まえるなら、タクシーにチャイルドシートを装備し安全性をキープすることは訴求ポイントになる、お年寄りの一人暮らしが増えているのだから、家事やハウスクリーニングを代行するサービスには、一定のニーズが見込めるはずだ。顧客にとっては、まさにかゆいところに手が届くサービスである。

企業の成長戦略を考えるときには、４つの切り口が考えられる。顧客を既存／新規に分け、提供する製品も既存／新規に分ける。これらをそれぞれ掛け合わせるのだ。しかし鉄道事業の場合は、沿線に新規客を呼び込むことは難しい。だからといって自社で、既存顧客に対して新たな製品・サービスを提供することも困難だ。残された方策は、既存顧客に対して既存製品をさらに提供する深掘り策しかない。

マイケル・ポーターはこれを「市場浸透策」と呼んだ。実はこれが非常に手堅い手であり、75％もの成功確率があり、最も失敗が少ない策である。ただし、成功するためには徹底した利便性を提供することにより、顧客に使用（利用）機会を増やしてもらわなければならない。そのためにグループ企業を挙げてのサービス提供に乗り出すことになる。カギを握るのは、ターゲットユーザーのブランドロイヤリティをいかに高めるかだ。

近鉄グループの沿線住民囲い込みは、スタートして約3年が経過。ＮＰＯ法人との提携も進めるなど意欲的な活動を進めているようだ。これはセオドア・レビットが説いた「顧客中心主義」や、小林一三の「（沿線に暮らす）人々の生活を豊かにする」事業の延長線上に位置する事業展開だ。少子高齢化が進み、縮み続けるこれからの日本市場で生き残るしかない企業にとっては、近鉄グループの生き残り策は、貴重な参考事例となるはずだ。

第7章のまとめ

1 SNS時代のプロモーションのポイントは、顧客とのコミュニケーション。すなわち双方向性を意識したしくみを作ることです。

2 最強のプロモーションは影響力の強い人物による口コミです。費用対効果の高いインフルエンサー・マーケティングの活用を常に意識しましょう。

3 チャネル戦略を考えるポイントは、相手が社外の人間であること。相手にとってのメリットを意識して、相手が自発的に動くしかけを考えます。

MATOME

付録　マーケティングマネジメント統合フレームワークシート

本書ではマーケティングを部分的にとらえるのではなく、「全体の流れ」で考える重要性を繰り返し述べてきました。これを実践するためのワークシートを次ページに収録します。

シートを見ればわかるように、４Ｐを考えるのは最後です。ＰＥＳＴ→５Ｆ→３Ｃ→ＶＣ→ＳＷＯＴ→ターゲティング→ポジショニング→４Ｐと、シート上部から順番に記入します。ただし、すべての欄を正確に埋めることが目的ではありません。情報不足などわからないところは仮説を記入したり、空欄のままに先に進めても構いません。

重要なのはフレームを埋めることではなく、そこから「意味」を抽出することです。ポイントは３つあります。

第一には、３Ｃ分析で顧客（Customer）ニーズを明らかにし、そこからＫＢＦ（Key Buying Factor＝購入する理由）を導出すること。さらに、３Ｃ分析の結果からＫＳＦ（Key Success Factor＝成功のカギ）が何なのか、目星をつけておくことです。これによりＶＣ（バリューチェーン）がＫＳＦを満たすよう組み立てられているかを考える視点が生まれ、「強み」「弱み」が見えてきます。

第二のポイントは、ＳＷＯＴ分析から「市場機会」と「事業課題」の両方を見つけること。ともすると機会に目を奪われがちですが、その反面にある課題を見落とさないことが重要です。

第三のポイントは、すべてのフレームワークを通して「マーケティング戦略」を総括すること。ただし、これで終わりではありません。全体と各パートを見渡して、「整合性」を徹底的にチェックします。もし、破綻をきたしそうな部分があれば、そのプロセスまで戻っての再検討が必要です。マーケティング理論を現場で使いこなすためには、上から下への一方通行ではなく、行きつ戻りつしながら検討を深めることこそが重要なのです。検討を繰り返す中で精度を高め、最終的な成功確率を向上させる。この習慣をぜひ身につけてください。

マーケティングマネジメント統合フレームワークシート

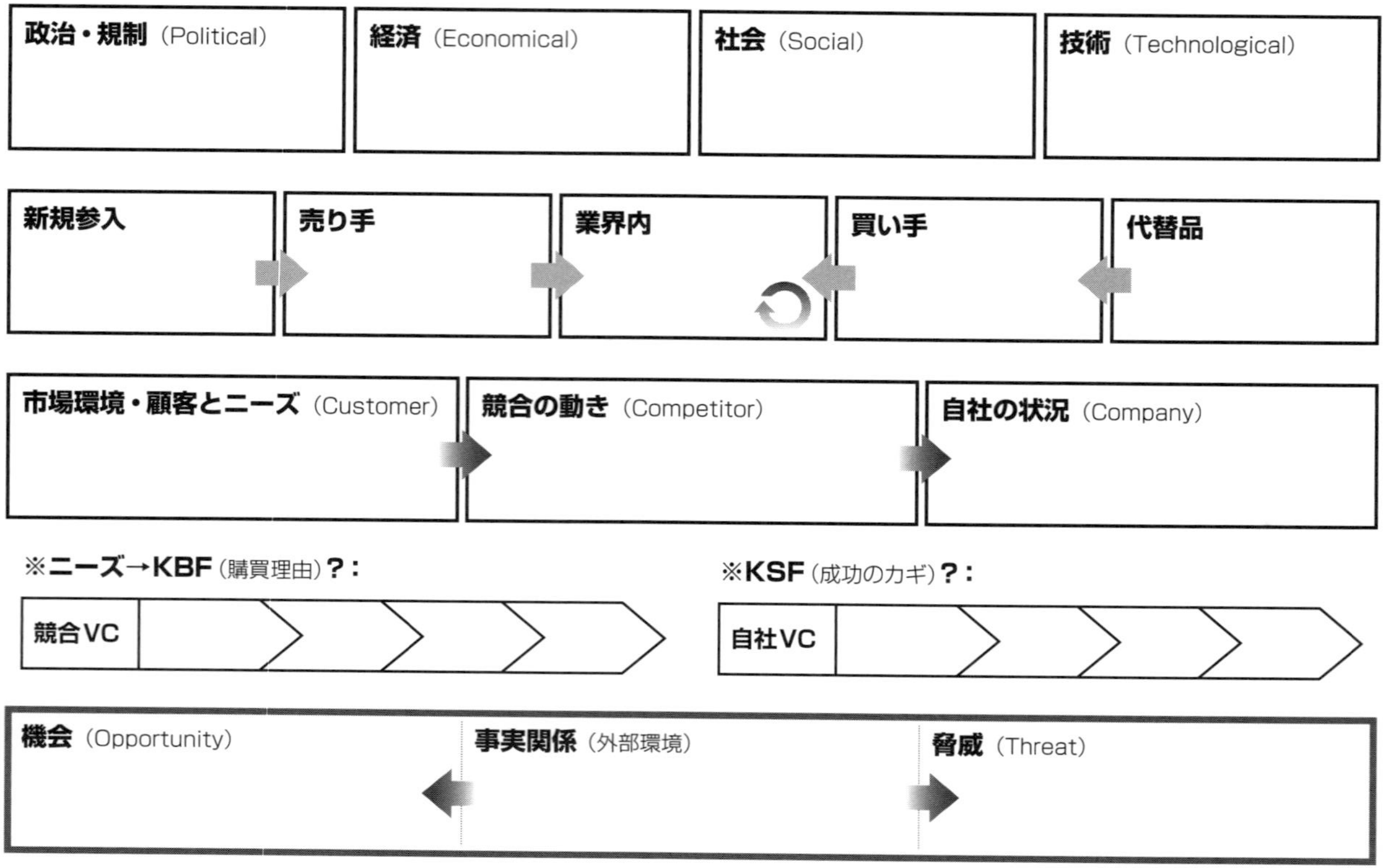

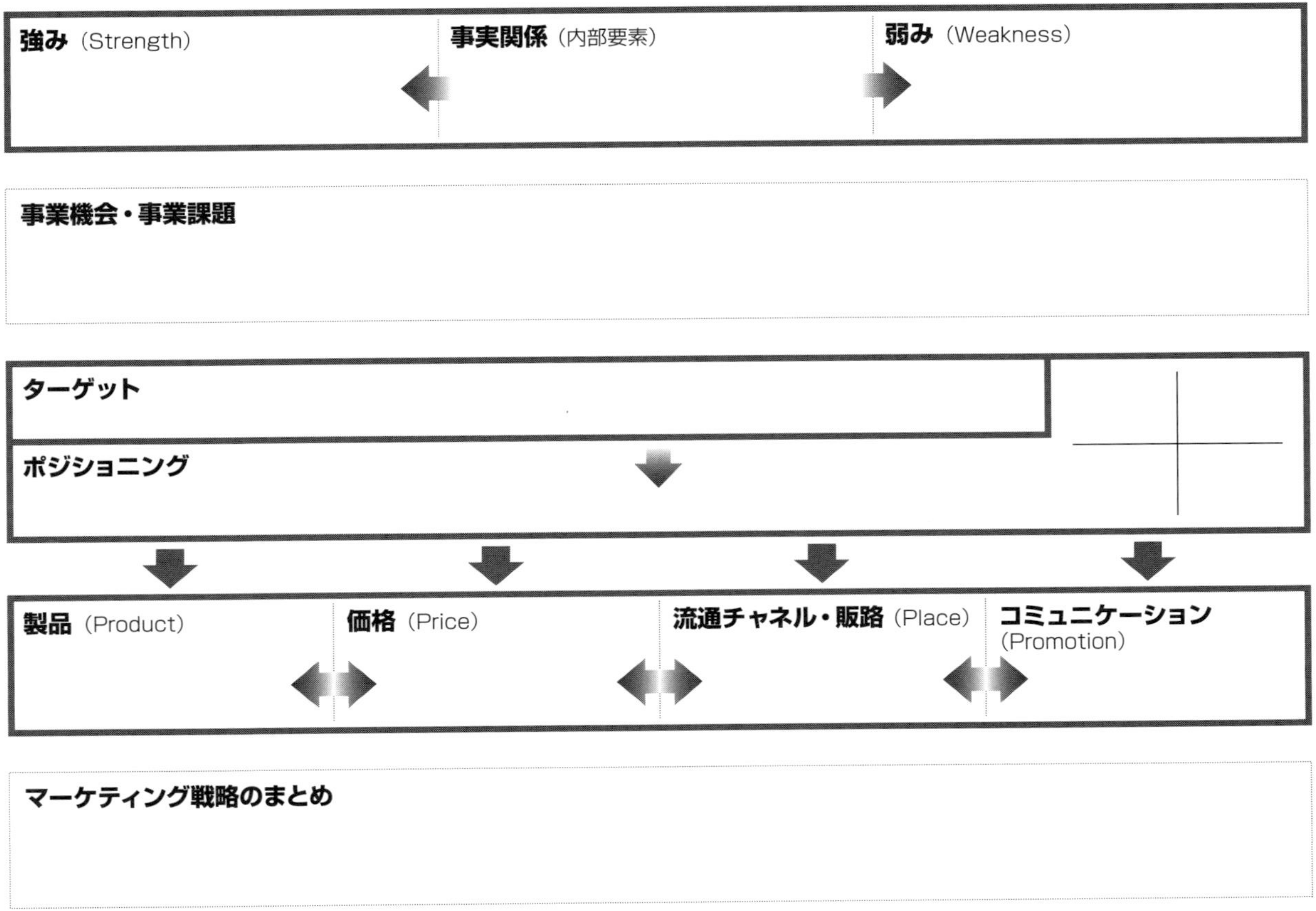
強み（Strength）
事実関係（内部要素）
弱み（Weakness）
事業機会・事業課題
ターゲット
ポジショニング
製品（Product）
価格（Price）
流通チャネル・販路（Place）
コミュニケーション
(Promotion)
マーケティング戦略のまとめ

おわりに

いかがでしたでしょうか。マーケティングの基本的な流れ、考え方をおわかりいただけたでしょうか。G店は、西村がマーケティング理論に基づいて的確な施策を打ったおかげで、無事復活を遂げました。

とはいえG店の例は、しょせんはつくり話、現実はそんなうまくいくはずがない—そう思われる方もいらっしゃるかもしれません。種を明かせば、G店の事例は、限りなく実話に近いフィクション。筆者が以前関わったいくつかの事例を組み合わせて、シナリオ化したものです。

マーケティング思考をきちんと身につけ、環境の変化に常に気を配っていれば、この程度のことを実現するのは、それほど難しいことではありません。といえば「結局は最後の打ち手、4Pのアイデア出しが勝負なんじゃないか」と反論されるかもしれません。もちろんアイデアに基づいた実際の施策が勝負を決めます。前段階の分析や戦略設定がどれだけ正しくとも、最後のアイデアが貧弱ではビジネスを勝ち抜くことは難しいでしょう。けれども、そのアイデアはどうやってひねり出すのでしょうか。

やはり背景となる状況、問題をしっかりと押さえた上で考えることが必要です。マーケティングの基本的な考え方に従って状況を整理していけば、一連のプロセスの中でアイデアの種は自然に育まれてくるものです。

もし本書を読んで納得されたあなたが経営者なら、これはと思う人材を何人が抜擢し、ぜひ本書を与え、マーケティングの考え方を社内で統一してください。御社の打ち手の質が格段に上がるはずです。仮にあなたがまだ肩書きもつかないビジネスパーソンなら、ぜひ、ボスに本書をオススメしてください。きっと、より仕事をやりやすく、しかもやりがいのある環境が生まれるはずです。

一人でも多くの方がマーケティングの考え方をマスターし、世界と戦えるビジネスパーソンとなることを祈ります。

参考文献

『競争戦略論〈1〉』マイケル・E・ポーター（著）、竹内弘高（翻訳）ダイヤモンド社
『マーケティング原理 第9版— 基礎理論から実践戦略まで』フィリップ・コトラー（著）、和田充夫（翻訳）ダイヤモンド社
『コトラー&ケラーのマーケティング・マネジメント 第12版』フィリップ・コトラー（著）、ケビン・レーンケラー（著）、恩蔵直人（監修）、月谷真紀（翻訳）Pearson Education Japan for JP
『コトラーのマーケティング・コンセプト』フィリップ・コトラー（著）、大川修二（翻訳）、恩蔵直人（著）東洋経済新報社
『新版 逆転の競争戦略・競合企業の強みを弱みに変える』山田英夫（著）生産性出版
『改訂3版 グロービスMBAマーケティング』グロービス経営大学院（著）ダイヤモンド社
『〝いま〟をつかむマーケティング』金森努（著）アニモ出版
『図解 よくわかるこれからのマーケティング』金森努（著）同文館出版
『実例でわかる! 差別化マーケティング 成功の法則』金森努（監修）TAC出版
『広告ビジネス戦略— 広告ビジネスの基礎と実践』鈴木 準（著）、金森 努（著）、家弓 正彦（監修）誠文堂新光社
『インタビュー式営業術』竹林篤実（著）ソシム社

■監修者・著者紹介

金森努（かなもり・つとむ）／監修者・著者

有限会社金森マーケティング事務所代表。グロービス経営大学院客員准教授、青山学院大学経済学部非常勤講師。コールセンター、コンサルティング事務所、広告会社を経て2005年独立。一貫してマーケティングにおける「顧客視点」の重要性を説き、企業へのマーケティング戦略・事業戦略に関するコンサルティングと人材育成・研修を展開。著書に『よくわかるこれからのマーケティング』（同文館出版）、『“いま”をつかむマーケティング』（アニモ出版）など。『実例でわかる！ 差別化マーケティング 成功の法則』（TAC出版）の監修も行う。
Blog：http://kmo.air-nifty.com/
E-mail：kanamori-kmo@nifty.com

竹林篤実（たけばやし・あつみ）／著者

コミュニケーション研究所代表。印刷会社で営業、デザイン事務所でコピーライター、広告代理店でプランナーを務めた後1994年独立、主にBtoBマーケティングのプランニングに携わる。有識者、著名人、大学教授など千人を越える取材で培ったノウハウを生かしたインタビュー式営業術を開発。著書に『インタビュー式営業術』。
Web：http://www.com-lab.org/
Blog：http://d.hatena.ne.jp/atutake/
E-mail：atu-take@sa2.so-net.ne.jp

ブックデザイン＆図版作成　冨澤崇（EBranch）
本文イラスト　良知高行（悟空）

ポーター×コトラー 仕事現場《しごとげんば》で使《つか》える
マーケティングの実践法《じっせんほう》が2・5時間《じかん》でわかる本《ほん》

2012年4月1日　初　版　第1刷発行
2016年10月1日　初　版　第2刷発行

監 修 者　金　森　　努
発 行 者　斎　藤　博　明
発 行 所　TAC株式会社　出版事業部
（TAC出版）
〒101-8383 東京都千代田区三崎町3-2-18
電 話 03(5276)9492(営業)
FAX 03(5276)9674
http://www.tac-school.co.jp
組　　版　株式会社 三 協 美 術
印　　刷　株式会社 光　　邦
製　　本　東京美術紙工協業組合

ISBN 978-4-8132-4543-8

「格安航空会社」の企業経営テクニック

～「超低コスト化」と「多数顧客の確保」の方法論

今、メディアで話題の格安航空会社（LCC）がいちばんよくわかる本です。「薄利多売」ではなく高利益率を達成しているLCCの経営ノウハウのヒミツを解き明かすとともに、他業種での活用法も解説します。

航空経営研究所
赤井奉久、田島由紀子・著
定価1,296円（税込）

職場の弱者につけ込む意地悪な命令・要求を賢く断る生き残り話術55の鉄則

上司、先輩、取引先にお困りの、職場で立場の弱い方、必見！　立場が上の相手や強気の相手に屈服させられたり、責任を押し付けられたり…そんな口惜しい場面で、「反撃、逆恨みされないように賢く断る」会話術を紹介します！

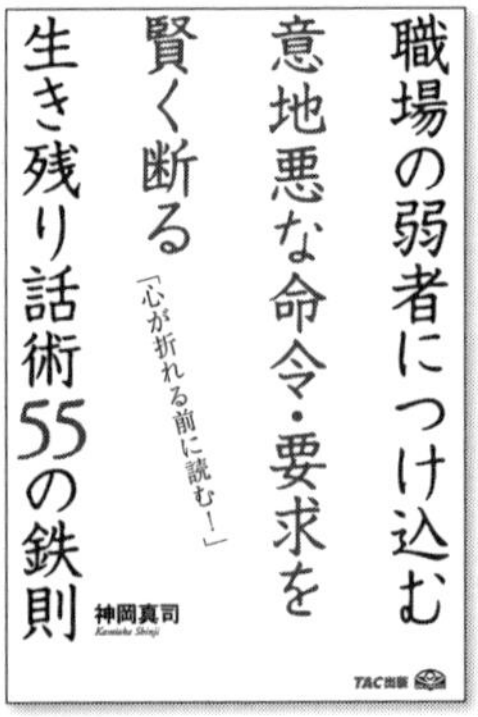

神岡真司・著
定価1,296円（税込）

47テーマで学ぶ家計の教科書

節約とお金のキホン！

節約アドバイザー・矢野きくのと実践型ファイナンシャルプランナー・北野琴奈が、お金とのホントの付き合い方を教えます！　家計に関する知識でいちばん大切な節約とお金の基礎を、しっかりと学ぶことができます。

矢野きくの、北野琴奈・著
定価1,080円（税込）